ビギナーズ・クラシックス 中国の古典

春秋左氏伝

安本 博

角川文庫
17284

はじめに

読者の皆さんは、中国の古典と言えば、読んだことがあるかどうかは別にして、どのような書物の名を先《ま》ず思い浮かべるでしょうか。恐らく、年代の如何《いかん》を問わず、『論語』を思い浮かべる方が最も多いと推測されます。そして、文学に興味のある方は、李白《りはく》や杜甫《とほ》といった世界の文学史上でも評価の高い詩人の名前や作品を思い浮かべると思います。

恐らく『春秋左氏伝』とか、略称した『左伝』、『左氏伝』という言葉を耳にしたり、目にされた方は少ないと思います。これらの表現が中国の古典を表す言葉だということを知らない方も多いでしょう。

しかし、「食指」「波及」「贈賄」「流血」「君臨」「解体」「民生」「落成」「未亡人」といった言葉は聞いたり目にしたりしたことがあると思います。その他、「文物」「学殖」「気炎」「師事」「観兵」「軽佻《けいちょう》」なども同様です。「牛耳る」という言葉は「牛耳を執る」が元になってできている言葉です。最近は使われることも少なくなりましたが、本文の十で取り上げています「病《やまい》膏肓《こうこう》に入る」というのは、字を間違って「病膏肓《こうもう》に入る」とか、簡略化して「病膏肓」のように使われたりします。これらの熟語や慣用的表現はすべてこの『左氏伝』が元になっている言葉なのです。これ以外にも『左伝』が出典の言葉は数多くあります。

どんな言葉でも時代の変遷とともに消長していくものですから、もっと以前、まだ漢語表現が普通に用いられている時代には、『左伝』を典拠にする言葉はなじみ深く使われていたでしょう。そうした中で、上に挙げた語句や表現は生き延びて、その出所が意識されることもなく使われているのですから、その意味では、この『左伝』という書物はわれわれの言語生活と密接な関係をもっているかもしれません。言葉は人間の考えや感情を表現する重要な手段の一つですから、言語生活に深く根ざしているというのは、われわれの精神活動と深く結びついているということでもあります。

近頃は社内で英語を公用語として使っている企業もあります。英語公用語化論も語られたりします。英語が優れた言語だから世界で多くの人によって使われているのではありません。英語を使っている国家や人々の政治や経済の分野での活動、軍事力を含めた文化的総合力が優勢であることが大きな要因になっているのです。その昔、我が国では漢語が公用語として用いられてきた歴史を背負っていますが、これも伝統中国の文化的総合力が優位に立っていたことに起因していた結果に過ぎません。一方、世界の国々で日本語を上手に話したり、学んだりする人が増えているのも日本の経済力の強さに負うところが大きいということが、それだけでなく日本の文化が受け入れられるに値する内容を備えていることが世界の人々によって認められているからに他なりません。

『左氏伝』を典拠にする言葉が多くあるということは、それだけ人々の精神世界と向き合う内容があったといえます。

「春秋の筆法」という表現も今ではあまり聞かれなくなりましたが、微妙な言い回しで重要なことを伝えたり、あるいは、わざと表現しないことで、あることを表現しようとするような表現方法のことを言います。

朝のテレビで天気予報などと一緒に、その地域の交通機関の運転状況を伝えています。東京や大阪のように公共交通機関網が複雑に発達している地域ではわかりませんが、筆者の住んでいる地域では、「JR各線、地下鉄、名鉄、近鉄は七時半現在平常通り運転されています」と案内されます。以前は時間を言わずに「JR各線、地下鉄、名鉄、近鉄は平常通り運転されています」と言うだけでしたが、何時頃からか「七時半現在」というように時間を限定してその時の運転状況を言うようになりました。恐らく「平常通り運転されています」と言うだけでは、何時の時点なのか聞き手には不安定ですから、そのように時間を限定した放送になったのでしょう。視聴者から要望があったのかもしれません。

春秋の体例、つまり筆法の一つに、「常事は書せず」ということがあります。常なる事、正常に機能していることは、わざわざ書き記さない、書き記すことは異常なことだという考えが基本になっているからです。「春秋の筆法」に従うならば、普段通り電車が運行されているなら、正常に運転されているとわざわざ言う必要はないということになります。「便りがないのは無事の便り」と言うのと同じでしょうか。

犬が人にかみついてもニュースにならないが、人が犬にかみついたらニュースになる、と言われます。何を記述するのか、何を伝えるのかは、ある意味では伝え手の選択の問題です。記事の提供者の判断基準が大きくものをいいます。ですから、情報を提供される側はそれをどう受け止めるか、提供者の意図や判断基準を含めて考える必要があります。この小著ではあまり触れませんでしたが、そうしたことも考えさせてくれるのが春秋の面白さだと思います。

『春秋左氏伝』の伝えていることが歴史的事実であるのか、物語として膨らませた文学的表現に比重が多くかかっている歴史文学に近いものなのかは、難しい問題です。

とはいえ、二千五百年以上も前の人々が考えたり、感じたりしたことが伝えられていることにはほぼ間違いありません。われわれが現代の事象や事実に接触する以上に興味深い世界や新鮮な驚きに出くわすかもしれません。そうした遠い歴史の過去の一端にふれるだけでなく、漢文訓読という異国の文章を巧みに読み解いてきた先祖の知的応用能力の秀抜さを少しでも継承しつつ、自分の向き合う世界を広げ深めていく上で、それぞれの総合的知力を拡充していく一助にこの小著が役立てればと願っています。

二〇一一年一二月

安本　博

目次

コラム

解説

『春秋左氏伝』について

映画の歴史を知らなければ、何かの映画作品を見て鑑賞できないものでもありませんし、何かの漫画を読んで漫画の歴史を知らなければ、面白みを味わえないものでもありません。音楽についても、文学作品などについてもその歴史なり来歴を知らなくても、楽曲や小説を楽しめないわけでもありません。むしろ、何らかの前提になる知識や先入観など持たずに作品を見たり、読んだりして面白いと思うことの出来る作品が読み手や聞き手にとって最も優れた作品なのかもしれません。

この『春秋左氏伝』についても、一切の前提となる知識など持たずに、ましてや解説や講釈に頼らずに、先ず読んでみるというのも読み方の一つです。ですから、この解説部分は後回しにして、あるいは読まずに置いておいても構わないと思います。恐らく期待したほど面白くないと途中で投げ出す方もいるかもしれません。あるいは左氏伝全体を読んでみたいと思われる方もいるかもしれません。

　筆者自身は、読者の導き手として作品についてそれなりに説明を加えて、少しでも皆さんの読みの深さなり広がりなりの拡大のお役に立てればと念じて、記述したのがこの解説です。いささか堅苦しくなるのは、その性質上やむを得ない面がありますので、重ねて申しますが、この部分は読み飛ばして頂いても、あるいは本文を読んだ後で読んで頂いても構いません。


『春秋左氏伝』と一言で括《くく》って言い表すと、一つの纏《まと》まった書物として理解することが出来、『春秋』と『左氏伝』という二つの書物が合わさったものだと言うことも出来ます。成り立ちの経緯から言いますと、二つのものとして分けて考える方が理に適《かな》っています。そこで『春秋』と『左氏伝』とに分けて説明しますので、基本的なことを理解してもらえればと思います。

　中国の古典とは、そもそもどのような文献をいうのか、という問題になりますと、その範囲を決めつけるのは大変難しいことです。このビギナーズ・クラシックスに収められているのは、その名の通り古典と呼ぶに値するものばかりですが、杜甫や李白は唐代の詩人ですし、孔子やその弟子たちの言行録である『論語』は、成立の時期は別にして、春秋時代末期頃活躍した人々に関わる文献です。杜甫や李白と孔子との間にはほぼ千年の隔たりがあります。千年の隔たりを併せて古典ということもできるのですから、難しく考えない方がいいのかもしれませんが、経書《けいしょ》と呼ばれている書物は、まがうことなく中国の古典、漢民族の古典の中の古典といえる文献です。

読者の皆さんの中には、いきなり経書という言葉を目にしてもピンと来ない方も多いことと思います。四書五経《ししょごきょう》というと、聞いたことがある方も多いかもしれません。四書は、大学・中庸《ちゅうよう》・論語・孟子《もうし》の四種の書物を指しています。五経《ごけい》（もしくは「ごきょう」）は、易《えき》・書《しょ》・詩《し》・礼《れい》・春秋《しゅんじゅう》の五種類の経書をいいます。これに楽《がく》を加えて、六経《りくけい》というのが古い形ですが、楽つまり音楽は、実技を主としているので、文献を中心にする観点から、経書としては五経とまとめるのが普通になっています。

大手の経済新聞に「春秋」と銘打つコラム欄があります。雑誌にも「憲法春秋」と称する随筆が見られたりします。これらの春秋はこれからお話しする『春秋』と無縁ではありません。『春秋』の延長上にあって名づけられているといえましょう。

この五経の一つである「春秋」は、時に春秋経《しゅんじゅうけい》ともいわれますが、伝説としては、孔子が生まれた魯《ろ》という諸侯の国の公室の記録を司る役目の史官によって書かれた記録、すなわち魯史に孔子が手を加えて編纂《へんさん》した歴史の書ということになっています。

孔子から百年ほど後に生まれた孟子《もうし》は、「理想的な王者の事跡が消えてしまって詩の精神が失われ、詩の精神が失われて春秋の作法が起こった。晋《しん》の国の乗《じょう》、楚《そ》の国の檮杌《とうこつ》、魯の春秋は、同じく歴史の記録である。そこに書かれている事柄は、斉《せい》の桓公《かんこう》・晋の文公の覇業のことであり、その文章は史官のものである。孔子は、善を褒め悪を懲らす精神はひそかに春秋の中に取り入れた、と言っている」と評しています。（『孟子』離婁《りろう》下篇）これによれば、『春秋』は、魯の歴史記録だとされていますが、もともとは、各国の史書を言い表す共通の名称でした。『墨子《ぼくし》』には、「百国春秋」「燕《えん》の春秋」「宋《そう》の春秋」などの用語があります。恐らく孔子の春秋制作説が流布されてくるにつれて、一般名詞であった春秋が孟子の頃には特定化されて、専ら魯史を指すようになっていたのではないかと推測しています。

後漢《ごかん》時代の人である趙岐《ちょうき》の『孟子』の注によると、「春秋は、（春と秋の）二始（生命の始まりと生命の終りの始まり）を以て四時（四季）を挙ぐ、万事を記すの名」と説いています。

宋代の朱熹《しゅき》すなわち朱子は、「春秋とは、事を記すもの、必ず年を表して以て事を首《はじ》む、年に四時（春・夏・秋・冬）あり、故に錯挙《さっきょ》（こうごにとりあげること）して以て記する所の名と為すなり」と説いています。これらの解釈に従って、『春秋』の名の由来は、春夏秋冬すなわち一年を春と秋に代表させている、というふうに理解しておいてよいかと思われます。

六経は、中国古代の聖人や聖王の理想と精神を伝える古典です。その経書の一つとして歴史の書が入っています。事実、『春秋』は極めて客観的に、しかも評価などは一切加えずに中立的に歴史的事実が記されているだけです。

いま少し具体的に言いますと、この『春秋』は、魯の隠公《いんこう》元年（前七二二年）から、桓公《かんこう》、荘公、閔公《びんこう》、僖公《きこう》、文公、宣公、成公、襄公《じょうこう》、昭公、定公、哀公十四年に至るまでの十二公、二百四十二年間にわたる中原《ちゅうげん》の諸国の歴史上の事象や自然界の異常な事象の発生などについて、魯国を中心にして編年体つまり年代に従って著した歴史記録です。

どのような書き方がされているのかを具体的に紹介しますと、たとえば、僖公七年（前六五三年）の条では以下のように記録されています。

七年、春、斉人《せいひと》　鄭《てい》を伐《う》つ。夏、小邾子《しょうちゅし》来朝す。鄭其の大夫申侯《しんこう》を殺す。秋、七月、公　斉侯・宋公・陳の世子《せいし》款《かん》・鄭の世子華《か》に会《かい》して寧母《ねいぼ》（の地）に誓う。曹伯班《はん》卒《しゅつ》す。公子友　斉に如《ゆ》く。冬、曹の昭公を葬る。（七年、春、斉の人が鄭《てい》を伐《う》った。夏、小邾子が（魯に）来朝してきた。鄭は其の大夫の申侯を殺した。秋、七月、（魯）公が斉侯・宋公・陳の世子（世継ぎ）款・鄭の世子華に会見して寧母の地で誓いあった。曹伯の班が亡くなった。公子友が斉に行った。冬、曹の昭公を葬った）

また、宣公十年（前五九九年）では、

十年、春、公　斉に如《ゆ》く、公　斉自《よ》り至る。斉人　我が済西の田を帰す。夏、四月、丙辰《へいしん》、日之《これ》を食《しょく》する有り。己巳《きし》、斉侯元卒《しゅつ》す。斉の崔氏《さいし》衛に出奔《しゅっぽん》す。公　斉に如く。五月、公　斉自り至る、癸巳《きし》、陳の夏徴舒《かちょうじょ》其の君平国《へいこく》を弑《しい》す。六月、宋の師滕《とう》を伐つ、公孫帰父《こうそんきほ》　斉に如く、斉の恵公を葬る、晋人・宋人・衛人・曹人　鄭を伐つ。秋、天王　王季子をして来聘せ使《し》む、公孫帰父　師を帥《ひきい》て邾《ちゅ》を伐ち、繹《えき》を取る。大水あり。季孫行父　斉に如く。冬、公孫帰父　斉に如く、斉侯　国佐をして来聘せ使む。饑う。楚子　鄭を伐つ。（十年、春、公が斉に行った。公が斉から帰ってきた。斉人が我が魯の済水の西側の田地を帰した。夏、四月、丙辰、日食が有った。己巳、斉侯の元が亡くなった。斉の崔氏が衛に亡命した。公が斉に行った。五月、公が斉から帰ってきた、癸巳、陳の夏徴舒が其の君の平国を殺した。六月、宋の軍隊が滕の国を伐った、公孫帰父が斉に行った、斉の恵公を葬った、晋人・宋人・衛人・曹人が鄭を伐った。秋、天王が王季子をして魯に来聘させた、公孫帰父が軍隊を帥て邾を伐って、繹を取った。大水があった。季孫行父が斉に行った。冬、公孫帰父が斉に行った、斉侯が国佐をして来聘させた。飢饉にみまわれた。楚子が鄭を伐った）

このように諸侯の会盟・朝聘《ちょうへい》・侵伐《しんばつ》・死亡・亡命・埋葬・暗殺・城郭の修築、自然界の災異現象である日食・風水害・害虫の異常発生など、魯国の要人の活動・死亡などの諸事実だけが、時間の流れに従って、記録者の主観的な感情や感想は言うまでもなく、事実の因果関係の説明もなく記述されています。あたかも電話帳や列車の時刻表をめくるように無味乾燥な事実の羅列だけです。

時刻表や電話帳でも、何年分かを通覧すれば、そこには世の中の有為《うい》転変《てんぺん》の様相を読み取ることができます。まして春秋は、歴史の記録ですから、そこには多様な内容が織り込まれているはずです。

とはいえ、単なる事実の羅列に過ぎない歴史の書が思想的な内容をもつ経書としての位置づけを得ることになったのはどうしてなのでしょうか。一番の理由は、『春秋』が孔子の手によるものであるという点にあります。孔子が本当に『春秋』を編纂したのかどうかは全く分かりません。恐らく、孔子が『春秋』を制作したと考えない方が真っ当な歴史感覚ないしは歴史認識でしょう。孔子が『春秋』を制作したか否かの客観的事実よりも孔子が『春秋』を制作したのだと考えた事実、今風に言えば仮想現実が『春秋』を経書として価値づけたのだと考えてよいと思います。

『春秋』には、孔子の理念と精神が込められていると考えたので、その精神と理念――微言大義《びげんたいぎ》を探り出そうとする試みがなされることになります。どのような微言つまり微妙な言い回しがあって、それを読み解くと重大な理念や精神つまり大義が読み取れるかと考えたのです。

例として挙げた僖公七年と宣公十年との記述を見る限り、微妙な言い回しがあるようにはみえません。一つ一つの記述を通して、事実を理解することはできますが、何らかの理念とか精神があるようにはみえないと考えるのが普通の読み方です。

しかし、二百四十二年間の記述全体を見通すと一定の法則性が見て取れる面もないわけではありません。同じような事件や事実が異なって書かれていたり、あるいは一方では書かれているのに他方では書かれていなかったりしていますので、そこに書き方の体例を発見して、その体例に照らして、記述者つまり孔子の意図と精神を探ることになります。

孟子によりますと、「世の中が衰え人の道義が微弱になった結果、邪道な言説や暴虐な行いが発生するようになった。臣下でありながら君を弑逆《しいぎゃく》する者が出てきたり、子でありながらその父を弑する者が出てくるというような事態が現出してきた。孔子はそうした事態を危惧して春秋を作ったのである。そもそも春秋の制作は天子にのみ許されたことである。そこで孔子は、自分の考えを分かって理解してもらえるのもこの春秋であろうか、自分の分を越えた過ちを罪し罰するのもこの春秋であろうか、と言っているのである」と述べ、春秋制作の成果について「孔子が春秋を完成させた結果、乱臣賊子が懼《おそ》れた」と言っています（『孟子』滕文公下篇）。

時代を批判し、ことの正邪を糾《ただ》したのがこの『春秋』の書だということになります。

この孟子の言葉こそが、『春秋』が孔子の理念と精神を伝える書であることを宣揚した最初のものなのです。

孟子と同じ時代を生きた荘子も「春秋は、経世（世を経《おさ》めた）先王の記録である。聖人は議論はするけれども是非善悪の判断は下さなかった」（『荘子』斉物論篇）と言っていまして、孟子の時代には、『春秋』と名指される書が理念の書であるとの認識が広くいきわたっていたことを示唆しています。

こうした歴史的経過を通って、戦国最末期に活躍した儒家の思想家荀子の頃には、『春秋』もはっきりと経としての権威が認められるようになっています。荀子は、『春秋』の特徴についても「春秋は聖人の微妙な精神を述べたもの」と規定して、「〔隠〕約にして〔理解に〕速やかならず（記述が簡約でたやすく理解できない）」と評しています。

孔子の言動や思想を最も忠実に伝えている文献が『論語』であることは皆さんも知っての通りです。ところが、孔子の弟子若《も》しくは孫弟子が編纂したとされる『論語』には、孔子が『春秋』を著したことはおろか、『春秋』についての言及すらなくて、孔子と『春秋』を結びつけることをうかがわせる言葉さえ見られません。その上、「述べて作らず」（『論語』述而篇）という孔子の言葉に従いつつ、孔子が『春秋』を著したことを全く信じないのが学術的立場としては優勢です。宋の王安石（一〇二一〜一〇八六年）などは、『春秋』は「断爛朝報」（断片的な公室の記録）と酷評しているほどです。

孔子が『春秋』を制作したのかどうかの歴史的事実はさておいて、あたかも仮想現実のように伝説化されつつ、孟子の頃には、『春秋』は、魯史にもとづいて孔子が書き足したり、削ったりしたのだという孔子筆削説《ひっさくせつ》が確乎《かっこ》としたものになったと推察してよかろうと思います。

孔子の超人化、ないしは神格化の進行につれ、既に春秋学が成立していた『史記』を著した司馬遷《しばせん》の頃には、「吾が道行われず、吾何を以てか自ら後世に見《しめ》さんや（わたしの理想とする道は実現していない、わたしはどのようにしてその理想の道を後世に指し示したらいいのか）」という孔子の言葉とともに、「乃ち史記（記録係の記録）に因りて春秋を作る。春秋の義行われ、則ち天下の乱臣賊子懼る」「春秋を為《おさ》むるに至りては、筆《ふで》すべきは則ち筆し、削るべきは則ち削る、子夏《しか》（孔子の弟子）の徒一辞も賛する能《あた》わず（一字も付け加えたりできなかった）」（『史記』孔子世家）という評価まで定着して、孔子の『春秋』制作説が疑うことのできない歴史的事象として人々に受け入れられていくのです。

しかも、孔子の門下では文学をもって認められていた子夏の名に代表させて門弟子までもその制作に関わることが出来たのだということまで付け加えられています。春秋経の正当性と権威が伝統の中で受け継がれてきたものであることを宣言していると言えます。

春秋経に対する権威づけがより強固になりますと、次のようなことまでが言われるようになっています。

「孔子　春秋を作るは、素王《そおう》の業なり。諸子の伝（解釈）は、素相《そしょう》（実際の宰相についてはいないがその地位に就くにふさわしい能力を備えた理念的な宰相）の事なり」（後漢の王充《じゅう》『論衡《ろんこう》』の説）、「周衰え、孔子正道の遂に滅ぶを懼れ、故に春秋を作る、魯の史記に因りて、素王の法を設く」（後漢の趙岐《ちょうき》説）の言葉に見られるように、孔子素王説―孔子は王位に就いてはいないが王者となるに相応《ふさわ》しい徳を備えていたとする考え方が、孔子の『春秋』制作説と一体になって『春秋』の権威を高めていくことになります。

『春秋』が孔子によって作られたという仮想事実の絶対的承認を土台にして、『春秋』に託されている孔子の精神・批判・理念を読み解くのが春秋学の第一歩になります。

微妙な表現によって言い表されている孔子の精神―微言大義―をどのように読み取るのか、あるいは春秋経の表現の定式をどのように整合的に理解して体系化できるのかが、課題の中心になっています。僅か一字の有無によって孔子の意図を読み取る作業を行うのが春秋学だということができます。

仏陀やキリストの教えは、もともとは一つであり、年月を経るにつれて多くの宗派が派生してきたのは、仏陀やキリストの教えつまり言葉に対する解釈が多岐に分かれたからですが、『春秋』についても解釈が幾つかなされています。ただ、『春秋』は、孔子の発した言葉の解釈ではなく、孔子が記録した客観的事実の記述の仕方についての解釈という点で大きな相異があります。言葉の解釈によって生ずる問題ではなく、記録をどう解釈するかによる相異です。

春秋三伝　『公羊伝』・『穀梁伝』と『左氏伝』について

伝というのは、解釈という意味です。本居宣長《もとおりのりなが》の『古事記伝』というのも古事記の解釈という意味での命名なのです。ですから、春秋三伝というのは、孔子が書いたとされる春秋経に対する三つの立場から解釈した三つの解釈書ということです。『公羊伝《くようでん》』『穀梁伝《こくりようでん》』『左氏伝《さしでん》』は、『春秋』の三伝と称されていて、春秋経に内包されている意味を解釈した代表的な解釈書です。釈義書とも言われます。現存する中国最古の図書目録である『漢書』芸文志《げいもんし》によると、漢代には、この三伝以外に二種類の伝があったことが著録されています。それだけいろいろな立場からこの春秋経が注目されていたのでしょう。

少し専門的になりますが、経学の歴史の観点から言うと、この三伝のなかで最も早く学界でもてはやされたのは、『公羊伝』です。儒教が国教としての地位を与えられて、五経博士の官（国立大学の専攻講座）が置かれた時、『春秋』については『公羊伝』が博士官に立てられています。漢の武帝（在位前一四〇～前八七年）の時のことです。この時以降、利禄の道に触発されて、経書の研究が盛んになり、各学派や学者はそれぞれ経書解釈に新機軸を打ち出して競って学官に立てられようとする現象が生じました。春秋学の分野では、劉向《りゆうきよう》（前七九～前八年）が穀梁学を修めて、穀梁伝を春秋経解釈の一学派として朝廷に公認させ、博士官の地位を得るために顕著な働きをしています。

三伝のうちで、経学史の表舞台に最後に登場したのが『左氏伝』なのです。劉向の子である劉歆《りゆうきん》（前三二?～後二三）によって取り上げられました。成帝（在位前三三～前七年）の頃に始まった宮中の図書整理・校勘事業に父とともに参画し、父の没後もその仕事を引き継いで「芸文志」の原型となった図書目録「七略《しちりやく》」を著しました。この図書の校訂という校勘事業のなかで劉歆は、古い字体で書かれたテキストである『毛詩《もうし》』『周礼《しゅらい》』などとともに、古い字体（古文）で書かれた『左氏伝』に対しても資料的価値を見いだしたのです。これらは当時通行の文字で書かれていたテキストが主流になっていた今文学《きんぶんがく》に対抗して、古文学をも正当な学問として公認採用させる運動の一環だったのです。

漢王室を簒奪《さんだつ》した王莽《おうもう》（前四五〜後二三）の新王朝では古文学の『周礼』による政治が行われることになり、古文学が正当な学問としての地位を得ました。劉歆は王莽の政治上の補佐役として古文学の採用を奨めたからです。王莽も漢王朝とは異なった指導理念に基づく政治改革を推し進める必要があったのだと言えます。

漢王朝は、劉氏（劉邦）によって創設された王室です。劉歆もその姓が示すように漢王室の一族に属しています。そのかれが漢王室の簒奪者王莽の参謀役として新王朝の政治に加担したので、後代の儒者から変節者あるいは無節操者として指弾されることになり、『周礼』や『左氏伝』が劉歆によって偽作された文献だと疑われるという問題提起の要因にもなっています。つまり『左氏伝』は素性の怪しい著作だと見られてきたということです。

くくって春秋三伝と言いますが、『公羊伝』と『穀梁伝』の二伝と『左氏伝』との間には、内容上の著しい相異があるだけでなく、形式上の相異もはっきりみてとれます。

伝説的には、『公羊伝』は、孔子の弟子である子夏《しか》の門人、公羊高《くようこう》の作であり、『穀梁伝』は、やはり子夏の門人、穀梁赤《こくりようせき》の著したものだとされています。

『公羊伝』も『穀梁伝』も、問答体つまりQ＆A方式で『春秋』の経文を逐語的に取り上げて、春秋経に記録された事実に内在する意味を哲理的に読み取るところに主眼がおかれています。一方、『左氏伝』は、記録された事実とそれに関連する史実を通して春秋経に記された事実関係を明らかにしようとしています。『左氏伝』には春秋経とは直接関係のない記事が至る所で語られていて、それだけに記事の内容の豊富さは他の二伝の比ではありません。

『公羊伝』の思想的特色として、動機の重視、君臣関係（義合）よりも父子関係（天合）を重く見る点、民生の安定の重視に基づく革命の容認、復讐の積極的肯定があげられます。「実与《じつゆる》すも文《ぶん》与さず（現実の問題としては妥協容認するが、理念としては認められない）」という言葉に見られるように、理念（文）と現実（実）の乖離《かいり》に接点を見いだそうとする独特の論理も見られます。

もう一方の『穀梁伝』の思想的立場は、国家規範を血縁倫理と切り離して考えようとするところに特色の一つがあります。道徳的価値としての善とは別に正不正という概念が導入されているのです。適法か否かの観念が意識されていると評されるゆえんです。

二伝のことはこれくらいにして、肝心の『左氏伝』のことを少し詳しく説明しましょう。『左氏伝』は、左氏の『春秋』に対する解釈でして、『左伝』とも略称されます。

この左氏は、誰を指すのかについて、孔子の門人である左丘明《さきゆうめい》だというのが一般的な伝統的見解です。左が姓であり、丘明が名であるとする説もあれば、左丘が姓で、明が名であるとする説、さらには、左が官名、丘が姓、明が名であるとする見方もあって一定ではありません。

この左丘明が孔子の著した『春秋』に対して伝を書き表したいきさつについては、次のような言い伝えがあります。

『春秋』には当時の高貴な人々に対する批判や譏《そし》りが多く含まれていましたので、書物に著すことができず、口伝えで門下の有力な弟子たちに春秋の趣旨が語られていました。ところが、弟子たちはめいめいが勝手に孔子の精神を解釈してしまうという心配が生じ、勝手な解釈が定着してしまわないようにと、左丘明は孔子の手元に残されていた資料に基づいて具体的に『春秋』に記述されている言葉について論じ、『左氏春秋』を完成したとされています。左丘明自身がどのような人物であるのかについての詳しい伝承がありませんので、この『左伝』が成立したいきさつの歴史的な一つの事情がもっともらしく伝えられたものだと考えておくとよいかと思います。

左氏がどのような人物であるかが明確に分かりませんので、この『左氏伝』の成立の時期についてもはっきりしたことは分かりません。左丘明が著したとすると、孔子（紀元前五五二年または五五一年～前四七九年）と同時代の人物ですから、紀元前五世紀の中頃ということになります。ただ、『左氏伝』の記述内容に照らしてみると、年齢的に多少無理が生じる点もあります。ともかく前四二〇年前後まで遡ることができます。これに対して、『左氏伝』の成立時期を最も遅く考える立場では、前漢末つまりキリスト紀元前後に成立したと主張しているのです。両者の間にはほぼ四百年の開きがあります。隠公元年（前七二二年）を起点とすると、七百年以上の違いが生ずることになります。このように諸説がある中で、戦国時代（前四〇三年以降）には既に成立していたという見方が有力になっています。

伝は経を解釈するために書かれたものであると申しました。ところが、『左氏伝』には経文とは全く無関係な記事が数多くあります。その点から言うと、経書を解釈した書物というよりは、純然たる歴史の書だと言えます。人によっては、経文を無視して読んでも一向に差し支えないと言います。むしろ経文をもっともらしく解釈している部分などには、叙述の展開という点から言えば、作為的に異質な文章が挿入されているとみてもよいところも多いのです。

第二章で取り上げている「共叔段の乱」の叙述展開などは、その典型例だと言えます。明らかに本来あったと思われる一連の叙述を分断して、経文を説明解釈するために伝を加えているという作為が感じられます。恐らく、当時伝承されていた一連の歴史事象の資料的記録があって、その記録を春秋経と結びつけて編纂されたのが『春秋左氏伝』だと考えてよいでしょう。従って、少し難しくいうと、『春秋』という理念の書と歴史事象の記録とを結びつけたことの中には、理念と現実問題との関係をどう考えるのかという問題意識が隠れていたのではないでしょうか。

事実を叙述するのを得意とする『左氏伝』の文章には、古典文の模範となる妙味が備わっていると言われています。簡潔な表現を旨として、宣公十二年の邲《ひつ》の戦いを描写した以下のような記述がその例として取り上げられます。楚の軍の奇襲を承《う》けて敗走する晋軍の様子の描写です。

桓子《かんし》為す所を知らず。軍中に鼓《つづみう》ちて曰く、先に済《わた》る者には賞有らん、と。中軍・下軍舟を争う。舟中の指《ゆびきく》掬す可《べ》きなり。

「舟中の指掬す可きなり（舟の中に切り落とされた指がすくえるほどであった）」の一句で、我先に争って舟に乗りこんだ者が、あとから乗り込もうとする者を乗せまいとして舟べりに必死になってつかまる者の指を刀で切り落としている情景を実に見事に描写しています。賞を得ようとする人間のあさましい欲望をそこに読み取ることもできますし、舟を転覆させないためのやむを得ない所行とみることもできます。指が切り落とされることを想像するだけで身震いを禁じ得ませんが、「舟中の指掬す可きなり」の一句には、戦場の混乱の状況と同時に、そうした極限状況での人間の心のうごめきの視覚化が試みられています。

漢字はもともと表意文字ですので、音声だけでなく人の視覚に訴えることも意思伝達の重要な機能の一つとしています。そうした漢字の基本的な性格に基づきながら、事象を視覚化することに腐心しているのが『左氏伝』の文章の特徴の一つだと言えます。第十一章の鄢陵の戦いで、その質問に答えながら晋の軍中の状況を説明している場面の描写もまたその一例だと言えます。

このように、『左氏伝』は戦争の場面を描写することを得意の一つにしているというのが定評です。本書で取り上げたのは、成公十六年の鄢陵《えんりょう》の戦いだけですが、城濮《じょうぼく》の戦い（僖《き》公《こう》二十八年）、邲《ひつ》の戦い（宣公十二年）、鞍《あん》の戦い（成公二年）をあわせて、春秋の四大戦とも称しています。いずれも戦場の場面を描写した優れた文章として古来評価されてきました。

『春秋経伝集解』という『春秋左氏伝』の代表的注釈を書いた晋の杜預《どよ》という人は有能な武将として名高い人でしたし、三国時代蜀《しょく》の名将として名高い関羽も『左氏伝』を愛読していたと伝えられています。戦争という極限状況での人間理解とか戦場での体験が『左氏伝』の描写する戦争と通ずる点があったのかもしれません。

『左氏伝』は前後二百六十余年のことを記述していますが、この間に登場する人物は二千名を越えています。身分の点で言えば、国君である諸侯や大夫は言うに及ばず、浪人もいます。善玉もいれば、悪玉もいますし、国を追われる諸侯もいれば、君を弑する臣下もいます。奔放に振る舞う女性も登場しますし、死を賭して事実を伝えることを果たした史官の活躍も描かれています。

一つ一つの記事を取り上げれば、時に物語的要素を加味しながら、事件の顚末が叙述されています。歴史の舞台で活躍した人物の事跡を伝えているのですから、内容は多様です。われわれ現代人からみるとこんなことがあり得たのだろうか、というような話もふんだんに載せられています。ですから、現在でも、『左氏伝』に題材をとった小説はいくらもあります。つまり、それだけ豊かに人間のことを伝えているということではないでしょうか。

福沢諭吉は『福翁自伝』のなかで「私は左伝が得意で、大概の書生は左伝十五巻の内三四巻で仕舞ふのを、私は全部通読、凡そ十一度び読返して、面白い処は暗記していた」というほど『左伝』を愛読しています。

江戸時代を通じて『公羊伝』、『穀梁伝』は一般にはあまり読まれませんでしたが、『左氏伝』は、漢学を学ぶにあたっての基本的な書物として尊重されていました。

一　元年春王正月（隠公元年、紀元前七二二年）

元年《がんねん》、春《はる》、王《おう》の正月《しょうがつ》。三月《さんがつ》、公《こう》 邾《ちゅ》の儀父《ぎほ》と蔑《べつ》に盟《ちか》う。夏《なつ》、五月《ごがつ》、鄭伯《ていはく》 段《だん》に鄢《えん》に克《か》つ。秋《あき》、七月《しちがつ》、天王《てんおう》 宰咺《さいけん》をして来《き》たりて恵公《けいこう》・仲子《ちゅうし》の賵《ぼう》を帰《おく》ら使《し》む。九月《くがつ》、宋人《そうひと》と宿《しゅく》に盟《ちか》う。冬《ふゆ》、十有二月《じゅうゆうにがつ》、祭伯《さいはく》来《き》たる。公子《こうし》益師《えきし》卒《しゅっ》す。

◆経元年、春、王正月。三月、公及㆓邾儀父㆒盟㆓于蔑㆒。夏、五月、鄭伯克㆓段于鄢㆒。秋、七月、天王使㆔宰咺来帰㆓恵公・仲子之賵㆒。九月、及㆓宋人㆒盟㆓于宿㆒。冬、十有二月、祭伯来。公子益師卒。

元年、春、王の正月、三月、魯公が邾の君儀父と蔑の地で盟約を結んだ。夏、五月、鄭の国君である鄭伯（伯は爵位）が鄢の地で弟の共叔段にうち克った。秋、七月、天王が宰（官職名）の晅を使者として魯の先代の国君恵公と恵公夫人である仲子のために賵（死者を弔い、喪を助けるための車馬）を送ってよこした。九月、魯公が宋の人と宿の地で盟約を結んだ。冬、十二月、祭国の伯爵が魯にやって来た。魯の公子益師が卒した。

元年《がんねん》、春《はる》、王《おう》の周《しゅう》の正月《しょうがつ》。即位《そくい》を書《しょ》せざるは、摂《せつ》すればなり。三月《さんがつ》、公《こう》邾《ちゅ》の儀《ぎ》父《ほ》と蔑《べつ》に盟《ちか》うとは、邾子《ちゅし》克《こく》なり。未《いま》だ王命《おうめい》あらず、故《ゆえ》に爵《しゃく》を書《しょ》せず。儀《ぎ》父《ほ》と曰《い》うは、之《これ》を貴《とうと》べばなり。公《こう》位《くらい》を摂《せつ》して好《よし》みを邾《ちゅ》に求《もと》めんと欲《ほっ》す、故《ゆえ》に蔑《べつ》の盟《ちかい》を為《な》す。夏《なつ》、四月《しがつ》、費《ひ》伯《はく》師《し》を帥《ひき》いて郎《ろう》に城《きず》く。書《しょ》せざるは、公《こう》の命《めい》に非《あら》ざればなり。

◆伝元年、春、王周正月。不レ書二即位一、摂也。三月、公及二邾儀父一盟二于蔑一、邾子克也。未二王命一、故不レ書レ爵。曰二儀父一、貴レ之也。公摂レ位而欲レ求二好於邾一、故為二蔑之盟一。夏、四月、費伯帥レ師城レ郎。不レ書、非二公命一也。

元年、春、王の周の正月。経文に隠公の即位が書かれていないのは、かりに君の位についたからである。経文に三月、隠公が邾の君儀父と蔑の地で盟約を結んだとあるのは、邾子の克のことである。まだ周王の命を受けて諸侯になっていなかったので、経文は爵位を書いていないのである。「儀父」と字《あざな》を言っているのは、かれを尊んだからである。隠公は君位に即《つ》いて政治を代行することになり、邾と友好関係をつくっておこうとして、それで蔑の地での盟約を結んだのである。夏、四月、大夫の費伯が軍隊を率いて郎の地に築城した。そのことを経文に書いていないのは、公の命令によったものではなかったからである。

❖❖❖❖

元年春王正月　魯公が新たに即位した最初の年つまり元年には「元年春王正月公即位（元年、春、王の正月、公即位す）」と記述するのが、春秋の書き方つまり書法（筆法）の体例です。この体例通りに書かれていない、つまり隠公元年の記述では、「公即位」の三字が記載されていません。そのことが問題視され、書かれてしかるべきことが書かれていないのには、記述者つまり孔子の意図が隠されているのではないか、と考えてその意味を読み解こうとしているのが伝なのです。『左氏伝』の解釈についてお話しする前に、『公羊伝』の解釈を取り上げてみましょう。

元年とは何ぞや。君の始年なり。春とは何ぞや。歳の始めなり。王とは孰《た》れをか謂《い》う。周の文王を謂うなり。曷爲《なんす》れぞ先に王を謂いて而《しか》る後に正月を言う。王の正月なればなり。何ぞ王の正月と言うや。一統を大にすればなり。(元年とは何のことですか。君が始めて位に即《つ》いた年のことです。春とは何のことですか。一年の最初のことです。王とは誰のことを言うのですか。周の文王のことを言っています。どうして先に王と言って後から正月と言うのでしょうか。王が定めた正月だからです。どうして王の正月と言っているのですか。天下を統一して暦法を定めたことを重大視しているのです)

『左氏伝』が、「王」と「正月」の間に「周」の一字を加えて経文を解釈しているのに比べると、経文に内在している意味を探ろうとする『公羊伝』の解釈の立場が特徴的に表れています。そうした両伝の解釈の違いは別にして、ここで最も問題にされているのは、「王正月」の三字です。どういう点が問題になるのかというと、ここには暦法の問題が深く関わっています。

新しく王朝を樹立した王者は天命を受けて天下を治めることになったのですから、その具体的証拠として制度の改変が求められることになります。古代の中国は農耕社会を基本にして成り立っていたので、暦法をどのように定めるかは生活とも深く関わり重大な問題で、暦法を定め交付することは受命改制の根拠にもなります。『左氏伝』の注を書いている杜預も「経の首時（＝春）、必ず王を書くは、此の歴は天王の班《わか》つ所なるを明らかにするなり」（桓公三年の注）と言っています。

北斗七星の尾が寅《とら》の方角を指したときを正月としたのが夏王朝の暦法で、夏正《かせい》とよび、同じく丑《うし》の方角を指したときを正月としたのが殷王朝の暦法で、殷正《いんせい》とよび、子《ね》の方角を指したときを正月としたのが周王朝の暦法で、周正《しゅうせい》とよび、合わせて三正とよんだりします。これらの暦法が歴史的事実を正確に反映したものであるかどうかは決しにくい問題ですが、いずれの王朝も独自の暦法を制作して各諸侯に頒布していたのだと考えることによって、王権の権威の所在が明確になります。ですから、『春秋』の「王正月」がどの王朝、どの王の暦法によっているかは無視できないことなのです。『公羊伝』が「王」とは誰のことであるのかと問う根拠なのです。

後世時々の思想的課題を反映しながら、『公羊伝』に擬した経義解釈がされるようになり、『公羊伝』が説く文王の理解についても、周王朝を開く実質的基礎を作った歴史的実在としての文王と素直に解釈する場合もあれば、『公羊伝』の注を書いた後漢の何《か》休《きゅう》のように、周の文王に仮託しつつ、後世の王者も共有することのできる理念上の王を意味するという微妙な解釈の派生も生じています。

公羊家では、「始め」を重視しまして、「元年・春・王・正月・公即位」を『春秋』の五始と言っています。何休は、「元年は天地の始め、春は歳の始め、王は人道の始め、正月は政教の始め、公即位は一国の始め」と説明しています。同じ公羊家でも、「元は気の始め、春は四時《しいじ》の始め、王は受命の始め、正月は政教の始め、公即位は一国の始め」と説いている人もいます。

『穀梁伝』は、この問題について、「事無きと雖《いえ》ども、必ず正月を挙ぐるは、始めを謹むなり」と解釈するだけです。記載する事件や事象がなくても、正月とだけは書いておくのは、始めを謹んでのことである、というわけです。

最初に井戸を掘った人を忘れないという意識と繫《つな》がっているのかも知れません。

元年春王周正月　『左氏伝』のなかで、「王」と「正月」との間に「周」の一字を入れて経文を解釈している伝は、隠公元年のこの箇所だけです。この元年春王正月以外の春王正月、例えば宣公元年春王正月に対しては、伝も「元年春王正月」と経文と同じように記述しているだけです。それでこの隠公元年のところだけに「周」の字が挿入されていることについては、諸家によっていろいろな解釈がされています。杜預が、暦法を主眼にして、周の一字を入れることで、夏や殷の暦とは異なっていることを示したのだと注しているのが一番分かりよいと思います。つまり、「王者である周室が用いて、諸侯に頒布した暦に基づく正月」というように受け取るのが穏当です。

楊伯峻《ようはくしゅん》は、青銅器の銘文などを拠り所にして、王暦を用いている用例と当時の小国である鄀《じゃく》や鄧《とう》の国の彝器《いき》には、「鄀正二月」とか「鄧八月」「鄧九月」と書かれている用例があって、国独自の暦を作っていたと推測できるような事例も挙げています。

今でこそ我が国では旧暦に従って歳時を行う地域も少なくなっているようですが、中国では、新年の行事は旧暦に従って祝われています。春秋時代にあっても、王朝が定めた標準の暦があっても、地域や地方の実情にあった暦が使われて生活が営まれていたのではないでしょうか。我が国でも省エネ問題と関連して取り上げられながらも、消極的な立場の人が多い所謂《いわゆる》夏時間の導入なども標準時の応用例でしょう。

ここで、『左氏伝』の「伝」としての成立に疑問を投げかける側からのこの伝に対する評価を一、二挙げておきます。

『左伝』中の経義を解き明かす伝文を後人が付け足したものであるとの見解を代表する一つは、清朝の学者劉逢禄《りゆうほうろく》の『左氏春秋考証』です。この元年の『左伝』に対しても大略以下のように言っています。

「即位を書せざるは、摂すればなり」という伝文も含めて、こうした類の伝は、『公羊伝』を踏襲しているが、『公羊伝』の義例を十分理解していないので、周の一字を増してそれらしくしてはいるが、文章として体をなしていない、と酷評しています。

呉闓生《ごがいせい》も『左伝微』の中で、「元年春王周正月」から「故に名いう」までを一括して挙げて、「これら迂曲の説、決して左氏の手にあらず」「左伝中　経文を解釈している者は、大率皆後の経師の附益する所、読者知らざるべからざるなり」と注意を喚起しています。

盟約について　秦の始皇帝が天下を統一する少し前の大国秦の宰相であった呂不韋《りよふい》が編纂した『呂氏春秋』の誠廉篇に次のような記述があります。

周王朝を創始した武王が、弟の周公旦《たん》を立会人にして、四内《しだい》という所で殷の遺臣で賢者であった膠鬲《こうかく》という人物と盟《ちか》ったとき、同じ文言を書き連ねた三通の書類を作って、その書類に犠牲の血を塗って、一通を四内に埋め、後の二通はそれぞれが持ち帰った。また、武王が守り役の召公奭《しょうこうせき》を立会人にして、共頭（共首山）で殷の遺臣である微子開《びしかい》（微子啓ともいう）と盟ったときも、文言の同じ三通の書類を作り、犠牲の血を塗って、一通は共頭に埋め、後の二通はそれぞれが持って帰った。

このような盟約の仕方は、考古学上の遺物などの発見とも合致していることが確かめられています。こうした点から、楊伯峻は、盟約方法の標準は次のような形式をとっていたと纏《まと》めています。

先《ま》ず地面を掘って、坎《あな》を作り、牛や羊あるいは馬を犠牲として用い、その坎の上で殺し、犠牲の左耳を切り取り、盤（大皿）に盛ってその血をとり、敦《たい》とよばれる容器に入れる。「載書《さいしょ》」とよぶ盟約の言葉を読み上げて神に告げ、その後で盟約の会合に参加した者が一人一人少しずつ血をすする。歃血《そうけつ》（血を歃《すす》る）という儀式である。この儀式が終わると、盟約の文書の正本を犠牲の上に置いて地中に埋め、副本を盟約者が各自持ち帰って所蔵する。（『春秋左伝注』）

公即位の有無　魯公の即位の始年は、「元年春王正月公即位」と書くのが春秋の書法の通例です。隠公元年では、この原則通り書かれていませんので、その意味を説明しているのが「即位を書せざるは、摂すればなり」という伝なのです。

『春秋』の十二公のうちで、元年の条に「公即位」が書かれていないのは、隠公以外に、荘公、閔公、僖公の三公の箇所です。「公即位」が書かれていないことに関して、それぞれ次のように伝は説明しています。

(一) 荘公元年伝「即位を称せざるは、文姜《ぶんきょう》(荘公の母)〔外国に〕出ずるが故なり」

(二) 閔公元年伝「即位を書せざるは、乱の故なり」

(三) 僖公元年伝「即位を称せざるは、公〔国外に〕出ずるが故なり」

これらの『左伝』は、隠公の場合も含めて個別的な事情を挙げて事実を説明しているに過ぎません。悪く言えば、とってつけたような理由とも言えます。それでは春秋学としての整合性を欠くことになりかねません。そこで杜預は、いずれも即位の礼が行われなかったので、公即位を書かなかったのだと整合性を保とうとした解釈をせざるを得ませんでした。

書かれるべきことが書かれていないとき、書かれるべきでないのに書かれているとき、すなわち春秋の筆法を問題として取り上げるのが春秋学の基本的精神です。

『公羊伝』ではどのようにこの「公即位」の書法が問題にされているかと申しますと、筆法上次の四例が取り上げられます。
(一) 公即位が書かれるべくして、書かれている場合。
(二) 公即位が書かれてはならないのに、書かれている場合。
(三) 公即位が書かれなければならないのに、書かれていない場合。
(四) 公即位が書かれるべきでないから、書いていない場合。
これらの四例のうち、(一) は当たり前のことが当たり前になされている場合ですから、問題にされることは当然ありません。ただ、公即位は必ず書かれるべきことの一つですから、『公羊伝』の始を重視する立場が確立して、(三) は、即位が当たり前に書かれてしかるべきなのに書かれていないことが問題にされることになります。

春秋の書法では、弑殺《しいさつ》されるという不幸を背負った君の後を継いで即位した場合には、「公即位」を書かないことになっています。「春秋　君弑さるれば、子即位を言わず」(荘公元年) というのが、『公羊伝』の筆法解釈です。ところが、この隠公の場合、先君の恵公が弑されて後を継いでいません。そこで公即位が書かれていないことについて、次のように『公羊伝』は説明しています。

隠公ではどうして即位を言っていないのですか。隠公の意図を成就しようとしているためなのです。隠公の意図を成就するとはどういうことなのですか。隠公は魯国を平穏に落ち着かせて君の位を桓公に返そうと意図されていたのです。どうして君位を桓公に返そうとしたのでしょうか。桓公は隠公よりも年下でしたが、身分としては高く、隠公は年上でしたが身分的には低かったのです。その身分上の貴賤の程度はほんの僅かでして、国の人々には分からない程度でありました。隠公は年長であるだけでなく優れた人物でした。それで大夫たちは隠公を引き立てて君位に即《つ》くようにしました。隠公はこのような中で君位に即くことを辞退するとなれば、桓公が首尾よく君位に即くことが出来るかどうかを気遣ったのです。その上、桓公が君位に即いた場合、大夫たちが桓公を十分輔佐できるかどうかということも心配でした。ですから、隠公が即位したのは全て桓公のためを思ってのことだったのです。隠公が年上でかつ優れた人物だったとすれば、どうして君位に即くことが妥当ではなかったのでしょうか。礼法では、嫡子を立てる場合は、年上の子を立てて、才徳は問題にしません。庶子を立てる場合には、身分の高い方の子を立てまして、年齢は問題にしません。どのような点で桓公の身分が高かったでしょうか。桓公を生んだ母親の身分が高かったのです。母である側室の身分の序列が高ければ、子はどうして身分が高くなるのでしょうか。子の身分は母親の身分で決まりますし、母親の身分は子の身分で決まることになっているからです。

質問に対する回答の中心は、「公の意図を成就する」ということです。隠公の心意をそのまま『春秋』は汲みとって、隠公の意志を春秋経の中に託したのだということになります。とすれば、最初から君位に即かないはずであった、ということになるかもしれません。そこで隠公が即位せざるを得なかった経緯を説明して、それに関連して礼法上の原則を開示して、嫡子と庶子が君位に即く場合の原則上の相異を説明しています。

先ず問題となる事案や事例があって、その問題に対処するにはどのような規定に従っているのか、そして規定の適用に当たって、当事者の心意つまり動機をも勘案した論の展開になっています。

即位する意図はなかったのですが、諸般の事情を勘案して即位した、それはあくまでも仮に即位したに過ぎないと考えています。しかるべき時が来れば、桓公に君位を返すつもりであったという隠公の内部心意をば、「公即位」を書かないことによって明確に表していると考えているのです。そして隠公の譲位・譲国の善なる意志が顕彰されている、と考えるのが『公羊伝』の思想的立場なのです。

以上のこととは反対に「公即位」を書くことによって、逆の意味で内部心意を明確にさせる場合があります。(三)の場合に当てはまる事例です。

隠公の後を継いだ桓公は、実は隠公を弑殺して君位に即いています。しかし、桓公元年の春秋経には「公即位」が書かれています。このことについて、『公羊伝』は「弑君《しいくん》(弑殺された君)を継げば、即位を言わず。ここにその即位を言うは何ぞや。その意の如くするなり」と解釈しています。『公羊伝』の注釈者何休が「君を弑して位に即かんと欲す。故に其の意の如くしてその悪を著す」と注していますように、時が来れば君位に即けるはずであったのに、隠公を弑殺してまで君位に即いたその悪しき意志・動機を直接的に批判断罪したのがこの「公即位」の三字にこめられていると理解しています。

何休はこの春秋の筆法について、「表現としては直接的筆法であるが、具体的内容はあからさまに出していない。魯国内の悪しきことは諱《い》んであからさまには書かないという原則に従っているが、どんなことでも諱むというほど徹して内部の悪を隠そうとはしていない」と評しています。屈折した論理の展開の中に、春秋経解釈に対する公羊学派と左氏学派との顕著な差異が伺えます。

今となっては些《いささ》か色あせてしまっているのかもしれませんが、「日本国憲法」の第九条の解釈を巡って展開される様々な条文解釈も、『公羊伝』の論理に照らして考えてみるのも興味深いことではないでしょうか。

会盟や会見の書き方の体例　諸侯、大夫等同士の会盟や和平締結などの書き方としては、元年に見られるように、「公及邾儀父盟于蔑、……九月、及宋人盟于宿」や、「公会斉侯盟于艾（公　斉侯に会して艾《がい》に盟う）」（隠公六年）、「春、暨斉平（春、斉と平《たいら》ぐ）」（昭公七年）と書かれたりしています。

こうした文字上の相異に着目して、『公羊伝』は「会とあるのは、あつまると同じようなことである。及とあるのは、なお汲汲というようなもので、こちらが欲して行われた会合である。暨《き》とあるのは、やむを得ず行われた会合である」と説明しています。会盟や会合に参加するものの内部心意を分析して解釈しています。諸侯や大夫の会合にはそれぞれの内部事情があって、それらがこれらの字の使い分けによって微妙に表現されていると考えているのです。従ってこの盟約は魯公が積極的に望んで実現した会合だというのが『公羊伝』の解釈になります。

『左氏伝』には、こうした解釈はありません。事実（結果）を重視するか動機を重視するかの立場の相異だとも言えます。

隠公元年の伝の特徴　隠公元年の『左伝』は、全体として、次の共叔段《きょうしゅくだん》の乱の叙述を除けば、体例の説明、典礼の挙示を中心に成り立っていて、経文を解釈する伝の形式を整えています。『左伝』全体が経文を無視して、それ自体独自に成立していたと言われたりする中で、開巻劈頭《へきとう》ですから、当然と言えば当然でしょうが、経文を絶えず意識して、伝が構成されています。『公羊伝』や『穀梁伝』と酷似した経文解釈の様式になっています。しかも、『公羊伝』に特徴的な、経文を解釈していく中で挿入される物語的な事実の記述に見合うようにして次の共叔段の乱の一件が記述されるという伝構成の巧妙さが見られます。

二　共叔段《きょうしゅくだん》の乱（隠公元年）

初《はじ》め、鄭《てい》の武公《ぶこう》　申《しん》に娶《めと》り、武姜《ぶきょう》と曰《い》う。荘公《そうこう》及《およ》び共叔段《きょうしゅくだん》を生《う》む。荘公《そうこう》寤生《ごせい》し、姜氏《きょうし》を驚《おどろ》かす。故《ゆえ》に名《な》づけて寤生《ごせい》と曰《い》う。遂《つい》に之《これ》を悪《にく》む。共叔段《きょうしゅくだん》を愛《あい》し、之《これ》を立《た》てんと欲《ほっ》す。亟《しばしば》武公《ぶこう》に請《こ》うも、公許《こうゆる》さず。荘公位《そうこうくらい》に即《つ》くに及《およ》び、之《これ》が為《た》めに制《せい》を請《こ》う。公曰《こういわ》く、「制《せい》は、巌邑《がんゆう》なり。虢叔焉《かくしゅくこれ》に死《し》せり。佗邑《たゆう》ならば唯《た》だ命《めい》のままなり」と。京《けい》を請《こ》う。之《これ》に居《お》ら使《し》む。之《これ》を京城《けいじょう》の大叔《たいしゅく》と謂《い》う。

祭仲曰《さいちゅういわ》く、「都城百雉《とじょうひゃくち》に過《す》ぐるは、国《くに》の害《がい》なり。先王《せんおう》の制《せい》、大都《たいと》は国《くに》を参《さん》にするの一《いっ》に過《す》ぎず、中《ちゅう》は五《ご》の一《いつ》、小《しょう》は九《きゅう》の一《いつ》なり。今京《いまけい》は度《ど》あらず、制《せい》に非《あら》ざるなり。君将《きみまさ》に堪《た》えざらんとす」と。公曰《こういわ》く、「姜氏之《きょうしこれ》を欲《ほっ》せり。焉《なん》ぞ害《がい》を辟《さ》けん」と。対《こた》えて曰《いわ》く、「姜氏何《きょうしなん》の厭《あ》くことか之有《これあ》らん。早《はや》く之《これ》が所《ところ》を為《な》すに如《し》かず。滋蔓《じまん》せ使《し》むること無《な》かれ。蔓《まん》すれば図《はか》り難《がた》きなり。蔓草《まんそう》すら猶《な》お除《のぞ》く可《べ》からず。況《いわ》んや君《きみ》の寵弟《ちょうてい》をや」と。公曰《こういわ》く、「多《おお》く不義《ふぎ》を行《おこな》わば、必《かなら》ず自《みずか》ら斃《たお》れん。子《し》姑《しばら》く之《これ》を待《ま》て」と。既《すで》にして大叔《たいしゅく》　西鄙《せいひ》・北鄙《ほくひ》に命《めい》じて、己《おのれ》に弐《じ》せしむ。公子呂《こうしりよ》曰《いわ》く、「国《くに》　弐《じ》に堪《た》えず、君将《きみまさ》に之《これ》を若何《いかん》せんとするか。大叔《たいしゅく》に与《あた》えんと欲《ほっ》せば、臣請《しんこ》う之《これ》に事《つか》えん。若《も》し与《あた》えずんば、則《すなわ》ち請《こ》う之《これ》を除《のぞ》け。民心《みんしん》を生《しょう》ぜしむる無《な》かれ」と。公曰《こういわ》く、「庸《もち》うる無《な》きも、将《まさ》に自《みずか》ら及《およ》ばんとす」と。大叔又弐《たいしゅくまたじ》を収《おさ》めて、以《もっ》て己《おの》が邑《ゆう》と為《な》し、廩延《りんえん》に至《いた》る。子《し》封曰《ほういわ》く、「可《か》なり。厚《あつ》ければ将《まさ》に衆《しゅう》を得《え》んとす」と。公曰《こういわ》く、「不義《ふぎ》には暱《ちか》づかず。厚《あつ》くとも将《まさ》に崩《くず》れんとす」と。大叔完聚《たいしゅくかんしゅう》し、甲兵《こうへい》を繕《つくろ》い、卒乗《そつじょう》を具《そな》え、将《まさ》に鄭《てい》を襲《おそ》わんとす。夫人将《ふじんまさ》に之《これ》を啓《みちび》かんとす。公其《こうそ》の期《き》を聞《き》いて曰《いわ》く、「可《か》なり」と。子封《しほう》に命《めい》じて車二百乗《くるまにひゃくじょう》を帥《ひき》いて以《もっ》て京《けい》を伐《う》たしむ。京《けい》　大叔《たいしゅく》段《だん》に叛《そむ》く。段《だん》　鄢《えん》に入《い》る。公諸《こうこれ》を鄢《えん》に伐《う》つ。五月《ごがつ》、辛丑《しんちゅう》、大叔《たいしゅく》　共《きょう》に出奔《しゅっぽん》す。

◆伝初、鄭武公娶二于申一、曰二武姜一。生二荘公及共叔段一。荘公寤生、驚二姜氏一。故名曰二寤生一。遂悪レ之。愛二共叔段一、欲レ立レ之。亟請二於武公一、公弗レ許。及二荘公即一レ位、為レ之請レ制。公曰、「制、巌邑也。虢叔死レ焉。佗邑唯命」。請レ京。使レ居レ之。謂二之京城大叔一。祭仲曰、「都城過二百雉一、国之害也。先王之制、大都不レ過二参レ国之一一、中五之一、小九之一。今京不レ度、非レ制也。君将レ不レ堪」。公曰、「姜氏欲レ之。焉辟レ害」。対曰、「姜氏何厭之有。不レ如三早為二之所一。無レ使二滋蔓一。蔓難レ図也。蔓草猶不レ可レ除。況君之寵弟乎」。公曰、「多行二不義一、必自斃。子姑待レ之」。既而大叔命二西鄙・北鄙一、弐二於己一。公子呂曰、「国不レ堪レ弐、君将二若レ之何一。欲レ与二大叔一、臣請事レ之。若弗レ与、則請除レ之。無レ生二民心一」。公曰、「無レ庸、将二自及一」。大叔又収レ弐、以為二己邑一、至二于廩延一。子封曰、「可矣。厚将レ得レ衆」。公曰、「不義不レ暱。厚将レ崩」。大叔完聚、繕二甲兵一、具二卒乗一、将レ襲レ鄭。夫人将レ啓レ之。公聞二其期一曰、「可矣」。命二子封一帥二車二百乗一以伐レ京。京叛二大叔段一。段入二于鄢一。公伐二諸鄢一。五月、辛丑、大叔出二奔共一。

はじめ、鄭の武公は申の国から公女を娶《めと》り、武姜といった。武姜は荘公と共叔段を生んだ。荘公はさかごで生まれてきて、姜氏（武姜）をびっくりさせた。それで逆子という意味でもある寤生《ごせい》と名づけた。そんなことがあって、母の武姜は荘公を憎み嫌うようになって、弟の共叔段を可愛がって、後継ぎにしようと望んだ。なんども武公に頼んだが、武公は許さなかった。荘公が位につくと、母の姜氏は段のために制の地を与えてやってほしいと願った。荘公は、「制は要害の邑であって、かつて虢叔《かくしゆく》がこの要害の地をよいことにして君としての徳を修めず身を滅ぼしました。段もその二の舞を演ずるのではないかと気づかわれるから、ここ以外の邑ならば、どこでもご要望の通りに致します」と言って断った。そこで姜氏は京の地を段にあたえるようにたのんだ。そこで荘公は弟の段を大邑である京に住まわせた。国都を凌ぐ広大な都城と母の寵愛による勢威とがあって世人から「京城の大叔」と謂われた。叔段の勢力が大きくなり、国都をも凌ぐほどになってきたので大夫の祭仲は、「地方の邑の都城が百雉《ひやくち》（六七五メートル）の規模を越えるのは、本国にとっての害です。昔の聖王の制度では、地方の城邑の規模は大都でも国都の三分の一を越えてはならず、中都は五分の一、小都は九分の一と定められていました。ところがいま京の城邑は度を越えて広大に造営され、制度に当てはまりません。ご主君には耐えられないほどの事態になりましょう」と諫言した。荘公は「母上が望んでおられることだ。害になると言ってもどうにもなるまい」と言った。祭仲はそれに答えて、「姜氏はこれで満足ということでおわりません。今のうちに段に対してそれ相応の処置をなされるにこしたことはありません。はびこらせてはなりますまい。いったんはびこってしまえば、手に負えなくなるものです。草でさえはびこってしまえば、除去するのが難しくなります。ましてご主君の母君に寵愛されている弟君ではありませんか」と言った。荘公は「不義を重ねておれば、必ず自滅するものだ。そなたもしばらく黙って見ておるがよい」と進言をとどめて言った。そうしているうちに大叔は鄭の西境と北境の人々に対して国君の荘公に対すると同じように自分にも従うように命ずることになった。こうした事態をみかねた大夫の公子呂は、「このように二人の君に従う城邑が多く出てくれば国はどうしようもなくなります。ご主君はいかがなさるおつもりですか。国君の位を大叔に与えるおつもりならば、わたしは大叔殿にお仕えしようと存じます。もし与えるおつもりでなければ、すみやかに大叔殿をご処断下さい。民に離反する心を抱かせてはなりません」と言った。荘公は、「わざわざこちらからはたらきかけなくても自ら墓穴を掘るだろう」と考えを変えることなく言った。荘公の放置策をいいことにして大叔はさらにまた今までかろうじて両属していた西境と北境の地域をわがものにし、自分の支配下の城邑にしてしまい、廩延《りんえん》の地にまで拡大していった。これをみて子封（公子呂の字）は、「手をうつべきときです。支配地が広がれば、多くの民心を得るやに存じます」とまた進言した。荘公は、「不義の者には人はつくまい。支配地が広がったとしても、自壊するだけだろう」と言った。増長した大叔は城郭を完全に整備し、多くの兵糧を集め、甲冑や武器をととのえ、歩兵と兵車の数をそろえ、鄭の国都を襲撃する態勢をととのえた。国都では夫人の姜氏が手引きする手はずになっていた。荘公は国都襲撃の期日を聞くや、「いまこそ絶好の機会だ」と言って、子封に命じて兵車二百台を率いて京を討伐させた。はたせるかな京では、人々が大叔段に叛《そむ》いた。そのため叔段は鄢の地に押し入った。荘公は軍を進め大叔段の軍を鄢で伐った。五月辛丑の日（二十二日）大叔は共の国に亡命した。

❖　❖　❖　❖

徳の尊重

子封は「厚ければ将に衆を得んとす」と言っていますが、これは領地が広大になれば、多数の人々を支配できるようになって、国都の存立にとって危うい事態を招きかねないと認識しているからです。量的変化が質的変化をもたらして、荘公と共叔段との力関係が逆転すると恐れたわけです。これに対して、荘公が「不義には曙《ちか》づかず、厚くとも将に崩れんとす」と評しているのは、不義の者の支配する地域が拡大しても、同時に不義をも拡大拡張していることになるので、むしろ自滅の道を突き進んでいるだけだという、ことの推移についての状況判断を示していると言ってもよいでしょう。量的変化すなわち支配地域の拡大に伴う力の増大は、決して人々の心を帰せしめる質的変化に結びつくものではないと考えていると言えます。

子封が兵車二百乗を率いて京を伐つや、京の人々が共叔段に叛いた、とあるのは、「不義には曙づかず」ということの事実に基づく説明でしょう。これまで叔段の力に屈服していた京の人々が荘公の命をうけた軍が来攻すると聞くや、一転して叔段を見放してしまったのです。

「京城の大叔」とまで言われて、いかにも強固な支持を得ていたかのようでしたが、京の人々は、巨大な城を築くなどの圧政に苦しんでいたというのが内実だったのです。「京　大叔段に叛く」の一句は、それまでの京の人々と叔段との関係が上に述べたようであったことを推測させるとともに、不義の者、徳を備えていない者の運命を暗示しているとも言えます。

力のみでは人を治めることはできないこと、道義の欠落した人心収攬《しゅうらん》は成り立ち得ないこと、成立しているようにみえてもそれは一時的、かつ不安定であることがここでは主張されているのではないでしょうか。孔子も「民は信無くんば立たず」(『論語』顔淵篇)と言っています。為政者と民との間の信義を最も重視しているのも、過去の歴史から学んだことに違いありません。

書《しょ》して「鄭伯《ていはく》　段《だん》に鄢《えん》に克《か》つ」と曰《い》うは、段弟《だんてい》ならず、故《ゆえ》に弟《おとうと》と言《い》わず。二《に》君《くん》の如《ごと》し、故《ゆえ》に「克《か》つ」と曰《い》う。「鄭伯《ていはく》」と称《しょう》するは、教《おし》えを失《うしな》えるを譏《そし》ればなり。之《これ》を鄭志《ていし》と謂《い》う。出奔《しゅつぽん》と言《い》わざるは、之《これ》を難《はばか》るなり。

◆書曰三鄭伯克二段于鄢一、段不レ弟、故不レ言レ弟。如二二君一、故曰レ克。称二鄭伯一、譏レ失レ教也。謂二之鄭志一。不レ言二出奔一、難レ之也。

経文に「鄭伯　段に鄢に克つ」と書き記しているのは、段が弟としての道を踏み外していたからで、それで「鄭伯　弟段を鄢に克つ」のように「弟の段」という言い方をしていないのである。実際は兄弟が相争ったのだが、国内が二つに分裂してあたかも二国の君が戦争したかのような状態だったので、経文は「克つ」と記述したのである。経文が「鄭伯」とはっきり称しているのは、荘公が兄として弟を正しく教え導く道を踏み外していたことを譏ったのである。鄭伯荘公の本心・意図が弟の段をはじめから殺すことにあったことを謂っているのである。経文に段の出奔を言っていないのは、鄭伯が弟を殺すつもりだったので出奔というのをはばかり避けたのである。

❖　❖　❖　❖

隠公元年の左伝の特色

この一段落は、恐らく『左氏伝』を春秋経の解釈書として成り立たせるために元の資料に巧みに工夫を凝らしたものだと言えます。伝承されてきた共叔段の事跡の展開の流れを敢《あ》えて中断して、経の筆法の解釈を挿入したと考えてよいと思います。『左伝』でしばしば使われている「初め」という文字で回想的叙述を起こして物語を展開し、次の展開に導くために小休止をいれるように経を解説しているのがこの一段なのです。幕間の解説のようなものだと言ってもよいでしょう。

「難之」について

「難」は、「むつかしいこと」を意味する文字です。そこから現代語訳にしめしたように、「はばかる」と読むとぴったりすることもあります。ところが、この「難之」について、出奔を言わないことによって、荘公が辛うじて段に伐ち克ったということを表しているのだという解釈もあります。この場合は「これを難《かた》しとするなり」と読むことになります。あるいは、弟を兄としてきちんと導かずに放任していた荘公を厳しく難詰したためだとする解釈もあります。「これを難《なん》ずるなり」と読むことになります。事実としては、『左伝』に言うように、段は出奔しているので、普通なら荘公の弟の国外退去の事実は経文に「出奔」と記述されるのですが、それが書かれていないことの異常性の取り上げ方だけでなく、その異常性の内容理解にまでこのような多義性を含んでいること、いな、含ませて考える余地をもっているところに漢語表現の特質があると言えます。

遂《つい》に姜氏《きょうし》を城潁《じょうえい》に寘《お》きて、之《これ》に誓《ちか》いて曰《いわ》く、「黄泉《こうせん》に及《およ》ばざれば、相見《あいまみ》ゆること無《な》けん」と。既《すで》にして之《これ》を悔《く》ゆ。潁考叔《えいこうしゅく》は潁谷《えいこく》の封人《ほうじん》為り。之《これ》を聞《き》き、公《こう》に献《けん》ずる有《あ》り。公之《こうこれ》に食《し》を賜《たま》う。食《く》らいて肉《にく》を舎《お》く。公之《こうこれ》に問《と》う。対《こた》えて曰《いわ》く、「小人母有《しょうじんははあ》り。皆小人《みなしょうじん》の食《し》を嘗《な》む。未《いま》だ君《きみ》の羹《あつもの》を嘗《な》めず。請《こ》う以《もっ》て之《これ》を遺《おく》らん」と。公曰《こういわ》く、「爾母《なんじはは》の遺《おく》る有《あ》り。緊我独《ああわれひと》り無《な》し」と。潁考叔曰《えいこうしゅくいわ》く、「敢《あ》えて問《と》う、何《なん》の謂《いい》ぞや」と。公之《こうこれ》に故《ゆえ》を語《かた》り、且《か》つ之《これ》に悔《く》いたるを告《つ》ぐ。対《こた》えて曰《いわ》く、「君何《きみなん》ぞ患《うれ》えん。若《も》し地《ち》を闕《か》きて泉《せん》に及《およ》び、隧《すい》にして相見《あいまみ》えば、其《そ》れ誰《たれ》か然《しか》らずと曰《い》わん」と。公之《こうこれ》に従《したが》う。公入《こうい》りて賦《ふ》す、「大隧《たいすい》の中《うち》、其《そ》の楽《たの》しみや融融《ゆうゆう》たり」と。姜出《きょうい》でて賦《ふ》す、「大隧《たいすい》の外《そと》、其《そ》の楽《たの》しみや洩洩《えいえい》たり」と。遂《つい》に母子為《ぼした》ること初《はじ》めの如《ごと》し。君子曰《くんしいわ》く、「潁考叔《えいこうしゅく》は純孝《じゅんこう》なり。其《そ》の母《はは》を愛《あい》し、施《ひ》いて荘公《そうこう》に及《およ》ぼす。詩《し》に曰《いわ》く、『孝子《こうし》匱《とぼ》しからず、永《なが》く爾《なんじ》に類《るい》を錫《たま》う』とは、其《そ》れ是《これ》の請《いい》か」と。

◆遂寘二姜氏于城潁一、而誓レ之曰、「不レ及二黄泉一、無二相見一也」。既而悔レ之。潁考叔為二潁谷封人一。聞レ之、有レ献二於公一。公賜二之食一。食舎レ肉。公問レ之。対曰、「小人有レ母。皆嘗二小人之食一矣。未レ嘗二君之羹一。請以遺レ之」。公曰、「爾有二母遺一。繄我独無」。潁考叔曰、「敢問、何謂也」。公語二之故一、且告二之悔一。対曰、「君何患焉。若闕レ地及レ泉、隧而相見、其誰曰レ不レ然」。公従レ之。公入而賦、「大隧之中、其楽也融融」。姜出而賦、「大隧之外、其楽也洩洩」。遂為二母子一如レ初。君子曰、「潁考叔純孝也。愛二其母一、施及二荘公一。詩曰、『孝子不レ匱、永錫二爾類一』其是之謂乎」。

こんなことがあって荘公は母親の姜氏を城潁《じょうえい》の地に幽閉して、「あの世に行くまでは、お目にかかりません」と誓った。まもなくしてこのことを後悔していた。潁考叔という者がいて、潁谷で関守をしていたが、このことを聞き、母子を仲直りさせようとして荘公に会うために珍しいものを献上した。荘公はそのお返しにかれに食事を賜った。かれは食事を頂戴したが肉だけは食べずにのこした。

荘公がその理由を問うと、潁考叔は「わたくしには母がいまして、母はいつもわたくしと同じものを食べております。母はまだご主君が召し上がっている羹《あつもの》を食べたことがありません。母のためにこれを持ち帰り食べさせてやりたいのです」と答えた。これを聞いて荘公は「お前には食べ物をおくれる母親がいるのに。ああ、このわしだけ母がいないとは」。潁考叔は「お言葉を返すようですが、どういう意味なのでしょうか」と言った。そこで荘公はことのいきさつを語ってきかせ、今では後悔していると告白した。潁考叔は答えて、「何もご心労になることはありません。地面を掘って地下の黄泉まで行き、その地下道の所で母君とお会いすることにすれば、誰が誓いに背いたと申しましょう」と言った。荘公はこの名案をすぐさま実行した。荘公は地下道に入ると、「このすばらしい地下道のうち、母子再会できる楽しさのなごやかなことよ」と詩を詠んだ。母の姜氏は対面を終えて地下から出ると、「この地下道のそと、その楽しさのあふれるばかり」と返歌した。このようにして元通りの母と子の間柄になった。この一件を評して君子は「潁考叔はこの上なく内実のある孝行者だ。自分の母親に孝養を尽くして、ひいては荘公にまで孝行をさせた。『詩』に『孝行者の孝心が篤いので、天はとこしえに同じ仲間に与う』とうたわれているが、それはこの潁考叔のようなことをいうのであろうか」と言った。

❖ ❖ ❖ ❖

母子の再会の意味 多くの読者の皆さんはどうして母子の再会がこのような屈曲した経緯をとってなされているのか、不可思議に思われると思います。儒教の孝道倫理では、親がどんなに非道であっても、子は親に対して孝を尽くすことが孝道の基本でして、親子関係は双務性の上に成り立つ根拠をもっていないのが、大原則です。子の親に対する絶対的尊崇や服従こそが孝の内容だと言えます。

こうした視点に立ちますと、荘公の母姜氏に対する奉養の仕方は、子としての道を逸脱していること甚だしいと言えるでしょう。しかも共叔段の出奔後の母への処断です。にもかかわらず、『左伝』はそうした荘公の不孝については問題にしていません。専ら母子関係の修復に関心が向けられています。

このように見てきますと、この伝が提起している問題点は、ことばの重大さということではないかと考えられます。

一端発せられたことばに最大限の信実性をもたせようとするならば、地下道を掘って再会することしか許されないと考えているのではないでしょうか。誓いのことばを守るため新たな事実を作り出す、あるいは、行動を方便化させていると言ってもよいでしょう。われわれはともすればことばに行為や事実を飾らせる傾向がありますが、ここでは行為をしてことばを飾らせているということではないでしょうか。

親親の道　『穀梁伝』は、荘公の共叔段に対する処断について、「その母の懐の中から、引っ張り出して、弟を殺したと同じような酷い仕打ちである」と評して荘公の所業を厳しく断罪しています。そして荘公が取るべきだったのは「逸賊を緩追する（逃げる賊をゆっくり追いかける）のが親親の道である」と言っています。「親親《しんしん》」というのは、「親《しん》を親《しん》とする」と訓じますが、親しい者、特に血縁的縁者に対する対応の仕方は、そうでない者と異なった対応をとるという考え方です。ですから、父子兄弟など血の繋《つな》がりのある者が悪事を働いた場合には、それを厳しく追及せず、見逃してやるのが人情にそっているのであって、人倫の規範として血の繋がりを最優先させる考え方です。儒教倫理の根幹を成り立たせている原理です。

三　信　中に由らざれば、質も益無きなり（隠公三年）

鄭《てい》の武公《ぶこう》・荘公《そうこう》　平王《へいおう》の卿士《けいし》と為《な》る。王《おう》　虢《かく》に弐《じ》す。鄭伯《ていはく》　王《おう》を怨《うら》む。王曰《おういわ》く、「之《これ》無《な》し」と。故《ゆえ》に周《しゅう》・鄭《てい》交《こもごも》質《ち》す。王子狐《おうしこ》　鄭《てい》に質《ち》と為《な》り、鄭《てい》の公子《こうし》忽《こつ》　周《しゅう》に質《ち》と為《な》る。王崩《おうほう》ず。周人《しゅうひと》将《まさ》に虢公《かくこう》に政《まつりごと》を畀《あた》えんとす。四月《しがつ》、鄭《てい》の祭足《さいそく》師《し》を帥《ひき》いて温《おん》の麦《ばく》を取《と》る。秋《あき》、又《また》成周《せいしゅう》の禾《か》を取《と》る。周《しゅう》・鄭《てい》交《こもごも》悪《にく》む。君《くん》子曰《しいわ》く、「信《しん》　中《ちゅう》に由《よ》らざれば、質《ち》も益無《えきな》きなり。明恕《めいじょ》にして行《おこな》い、之《これ》を要《よう》するに礼《れい》を以《もっ》てせば、質《ち》有《あ》ること無《な》きと雖《いえ》ども、誰《たれ》か能《よ》く之《これ》を間《へだ》てん。苟《いやし》くも明信有《めいしんあ》らば、澗谿沼沚《かんけいしょうし》の毛《もう》、蘋蘩蘊藻《ひんはんおんそう》の菜《さい》、筐筥錡釜《きょうきょきふ》の器《き》、潢汙行潦《こうおこうりょう》の水《みず》も、鬼神《きしん》に薦《すす》む可《べ》く、王公《おうこう》に羞《すす》む可《べ》し。而《しか》るを況《いわ》んや君子《くんし》二国《にこく》の信《しん》を結《むす》び、之《これ》を行《おこな》うに礼《れい》を以《もっ》てするをや。又焉《またなん》ぞ質《ち》を用《もち》いん。風《ふう》に采蘩《さいはん》・采蘋《さいひん》有《あ》り、雅《が》に行葦《こうい》・洞酌《けいしやく》有《あ》るは、忠信《ちゆうしん》を昭《あき》らかにするなり」と。武氏《ぶし》の子《こ》来《き》たりて賻《ふ》を求《もと》むとは、王未《おういま》だ葬《ほうむ》らざればなり。

◆伝鄭武公・荘公為二平王卿士一。王弐二于虢一。鄭伯怨レ王。王曰、「無レ之」。故周・鄭交質。王子狐為レ質二於鄭一、鄭公子忽為レ質二於周一。王崩。周人将レ畀二虢公政一。四月、鄭祭足帥レ師取二温麦一。秋、又取二成周之禾一。周・鄭交悪。君子曰、「信不レ由レ中、質無レ益也。明恕而行、要レ之以レ礼、雖レ無レ有レ質、誰能間レ之。苟有二明信一、澗谿沼沚之毛、蘋蘩薀藻之菜、筐筥錡釜之器、潢汙行潦之水、可レ薦二於鬼神一、可レ羞二於王公一。而況君子結二二国之信一、行レ之以レ礼。又焉用レ質。風有二采蘩・采蘋一、雅有二行葦・洞酌一、昭二忠信一也」。武氏子来求レ賻、王未レ葬也。

鄭の武公とその子の荘公は、周の平王の政柄をとる卿士となって周の政治に関与していた。ところが平王は虢公にも卿士の役を与えて国政をとらせた。そのため鄭伯（荘公）は平王の二心を怨むことになった。平王は、「そんなことはない」と弁明し、それで周と鄭とは相互に人質を取り交わした。周からは王子狐が鄭の人質になり、鄭からは公子忽が周の人質となった。平王が崩御すると、周の人は虢公だけに国政をとらせようとした。そのため四月、鄭の大夫祭足（祭仲）は軍隊を率いて攻め入り温の地の麦を刈り取って報復した。それだけですまず、秋、成周の地のきびやあわを刈り取った。こうして周と鄭は互いにいがみ合うことになった。このことを論評して君子は「信頼が衷心から出ていなければ、人質をいくら交換しても何の役にも立たない。公明正大にして相手の立場を理解して行い、礼の精神にもとづいて約束を果たすならば、人質の交換などなくても、誰が両者を仲違いさせせえようか。いやしくも明白な信《まこと》さえあるならば、谷間や池や水辺に生えた草でも、うき草・しろよもぎや集まり重なった藻草などの野草でも、あるいは竹製のかごやふだん使うかまのようなありふれた器物でも、また溜まり水や道路にたまった雨水でも、祖先の霊やあまつ神にお供えすることができようし、王公貴人にお薦めすることもできよう。まして立派な徳を備えて位にある君子同士が二国の信義を結んで、礼の精神でこの約束を守っていくならば、それ以上どうして人質を交わす必要があろうか。詩経の国風（召南篇）に「采蘩」「采蘋」の詩がおさめられ、大雅に「行葦」「泂酌」の詩があるのは、忠信《まこと》の大切さを明らかにしているのである」と言った。

❖　❖　❖　❖

君子が問題にして取り上げている国風の「采蘩」と「采蘋」の詩は次のように歌っています。

于《ゆ》きて以て蘩《しろよもぎ》を采《と》る、沼に于《お》いてし沚《みずべ》に于いてす。
于きて以て之を用う、公侯の（祭）事に。
于きて以て蘩を采る、澗の中に于いてす。
于きて以て之を用う、公侯の宮に。
（采蘩の二章）

于きて以て蘋（うき草）を采る、南澗（南の谷川）の濱《みぎわ》に。
于きて以て藻（みず草）を采る、彼《か》の行潦（ちいさな流れ）に于いてす。
于きて以て之を盛る、維《こ》れ筐《きょう》（竹製の四角いかご）及び筥《きょ》（竹製のまるいかご）に。

于きて以て之を湘《に》る、維れ錡（三本足のかま）及び釜（足のないかま）に。

（采蘋の二章）

この素朴な二つの草摘みの詩については研究者によっていろいろな解釈がなされていて厄介な問題をはらんでいます。ただ素直にこの詩を味わうと、古代人の素朴な宗教的習俗が詠まれているという、民俗学的理解に共鳴できるのではないかと思います。

四　命ずるに義を以てするかな（隠公三年）

宋《そう》の穆公《ぼくこう》疾《や》む。大司馬《だいしば》孔父《こうほ》を召《め》して殤公《しょうこう》を属《しょく》す。曰《いわ》く、「先君《せんくん》　与夷《よい》を舎《お》きて寡人《かじん》を立《た》つ。寡人《かじん》敢《あ》えて忘《わす》れず。若《も》し大夫《たいふ》の霊《れい》を以《もっ》て、首領《しゅりょう》を保《たも》ちて以《もっ》て没《ぼっ》するを得《え》ば、先君《せんくん》若《も》し与夷《よい》を問《と》わば、其《そ》れ将《は》た何《なん》の辞《じ》もて以《もっ》て対《こた》えん。請《こ》う子之《しこれ》を奉《ほう》じて以《もっ》て社稷《しゃしょく》に主《しゅ》たらしめよ。寡人《かじん》死《し》すと雖《いえ》ども、亦《また》く悔ゆること無《な》けん」と。対《こた》えて曰《いわ》く、「群臣《ぐんしん》　馮《ひょう》を奉《ほう》ぜんことを願《ねが》えり」と。公曰《こういわ》く、「不可《ふか》なり。先君《せんくん》寡人《かじん》を以《もっ》て賢《けん》と為《な》し、社稷《しゃしょく》に主《しゅ》たら使《し》む。若《も》し徳《とく》を棄《す》てて譲《ゆず》らずんば、是《こ》れ先君《せんくん》の挙《きょ》を廃《はい》するなり。豈《あに》能《よ》く賢《けん》なりと曰《い》わんや。先君《せんくん》の令徳《れいとく》を光昭《こうしょう》すること、務《つと》めざる可《べ》けんや。吾子《ごし》其《そ》れ先君《せんくん》の功《こう》を廃《はい》すること無《な》かれ」と。公子《こうし》馮《ひょう》をして出《い》でて鄭《てい》に居《お》ら使《し》む。八月《はちがつ》、庚辰《こうしん》、宋《そう》の穆公《ぼくこう》卒《しゅつ》す。

殤公《しょうこう》位《くらい》に即《つ》く。君子《くんし》曰《いわ》く、「宋《そう》の宣公《せんこう》は人《ひと》を知《し》ると謂《い》う可《べ》し。穆公《ぼくこう》を立《た》てて、其《そ》の子《こ》之《これ》を饗《う》くるは、命《めい》ずるに義《ぎ》を以《もっ》てするかな。商頌《しょうしょう》に曰《いわ》く、『殷《いん》の命《めい》を受《う》くるは咸宜《みなぎ》なり、百禄《ひゃくろく》を是《こ》れ荷《にな》う』とは、其《そ》れ是《これ》の謂《いい》か」と。

冬《ふゆ》、斉《せい》・鄭《てい》石門《せきもん》に盟《ちか》うは、盧《ろ》の盟《ちかい》を尋《あたた》むるなり。庚戌《こうじゅつ》、鄭伯《ていはく》の車《くるま》済《せい》に僨《やぶ》る。

◆伝宋穆公疾。召㆓大司馬孔父㆒而属㆓殤公㆒焉。曰、「先君舎㆓与夷㆒而立㆓寡人㆒。寡人弗㆓敢忘㆒。若以㆓大夫之霊㆒、得㆘保㆓首領㆒以没㆖、先君若問㆓与夷㆒、其将何辞以対。請子奉㆑之以主㆓社稷㆒。寡人雖㆑死、亦無㆑悔焉」。対曰、「群臣願㆑奉㆑馮也」。公曰、「不可。先君以㆓寡人㆒為㆑賢、使㆑主㆓社稷㆒。若棄㆑徳不㆑譲、是廃㆓先君之挙㆒也。豈曰㆓能賢㆒。光㆔昭先君之令徳㆓、可㆑不㆑務乎。吾子其無㆑廃㆓先君之功㆒」。使㆔公子馮出居㆓於鄭㆒。八月、庚辰、宋穆公卒。殤公即㆑位。君子曰、「宋宣公可㆑謂㆑知㆑人矣。立㆓穆公㆒、其子饗㆑之、命以㆑義夫。商頌曰、『殷受㆑命咸宜、百禄是荷』其是之謂乎」。

冬、斉・鄭盟㆓于石門㆒、尋㆓盧之盟㆒也。庚戌、鄭伯之車僨㆓于済㆒。

宋の穆公が病気で重篤な状態になると、大司馬の官にいる孔父を枕元に呼んで先君の子である殤公（与夷のこと）を自分の死後、君位につけるためによろしく取りはからうようにとたのんで、「先君宣公は自分の子の与夷を差し置いてこのわたしを位に立ててくれた。わたしはどうしてもそのことを忘れるわけにはいかぬ。もしそなたのお陰で、五体満足で無事に死ねたとして、あの世で先君に与夷のことをどうしたと問われたとしたら、一体何と言って答えたらよかろう。どうかそなたが中心になって与夷をもり立て、国君になるようにしてほしい。そうなればこのわたしは死んでも、心残りが全くない」と言った。孔父はこれに答えて、「群臣はみなご子息の馮どのを立てたいと願っています」と言った。穆公は、「それはならぬ。先君はこのわたしを国政を託すにたる能力をもった賢者と考えて、宋の国を任せられたのである。もしわたしに位を譲った先君の徳を無視して与夷に国を譲らなければ、先君のなされたことをだいなしにすることになり、どうして賢者と言えようか。先君の遺された立派な徳を後世に輝かすことこそ、この際つとめなければならないことだ。そなたも決して先君のご功績を傷つけないようにされよ」と言った。こうして殤公与夷が位につくように穆公は命じて公子馮を出国させて鄭に住まわせた。八月庚申の日（十五日）、宋の穆公が卒して、殤公与夷が位についた。このことを論評して君子は、「宋の宣公は人を知っていたと言える。弟の穆公を君の位に立てて、自分の子がそのあと位を受け継いだのは、その命令がきちんとした伝統的なやり方にもとづいていたからである。詩の商頌（玄鳥篇）に『殷では帝位の授受がすべて義――すじ道にかなっていた。ために多くの福禄をば与えられた』とあるのは、このことをいうものであろうか」と言った。

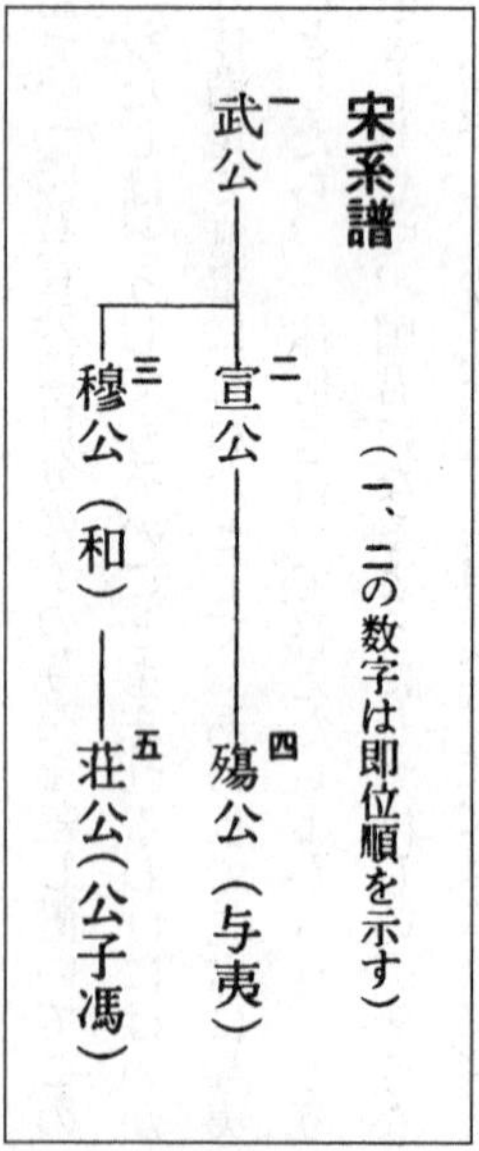

五　大義　親を滅す（隠公三・四年）

衛《えい》の荘公《そうこう》　斉《せい》の東宮得臣《とうぐうとくしん》の妹《いもうと》を娶《めと》り、荘姜《そうきょう》と曰《い》う。美《び》にして子《こ》無《な》し。衛人為《えいひとため》に碩人《せきじん》を賦《ふ》する所《ところ》なり。又陳《またちん》に娶《めと》り、厲嬀《れいぎ》と曰《い》う。孝伯《こうはく》を生《う》む。早《はや》く死《し》す。其《そ》の娣戴嬀《ていたいぎ》桓公《かんこう》を生《う》む。荘姜以《そうきょうもつ》て己《おの》が子《こ》と為《な》す。公子《こうし》州吁《しゅうく》は、嬖人《へいじん》の子《こ》なり。寵《ちょうあ》有りて兵《へい》を好《この》む。公禁《こうきん》ぜず。荘姜之《そうきょうこれ》を悪《にく》む。石碏《せきさく》諫《いさ》めて曰《いわ》く、「臣聞《しんき》く、子《こ》を愛《あい》すれば、之《これ》に教《おし》うるに義方《ぎほう》を以《もつ》てし、邪《じゃ》に納《い》れず、と。驕奢淫泆《きょうしゃいんいつ》は、自《よ》りて邪《じゃ》にする所《ところ》なり。四者《ししゃ》の来《き》たるは、寵禄《ちょうろく》過《す》ぐればなり。将《まさ》に州吁《しゅうく》を立《た》てんとせば、乃《すなわ》ち之《これ》を定《さだ》めよ。若《も》し猶《な》お未《いま》だしならば、之《これ》を階《かい》にして禍《わざわい》を為《な》さん。夫《そ》れ寵《ちょう》せられて驕《おご》らず、驕《おご》りて能《よ》く降《くだ》り、降《くだ》りて憾《うら》みず、憾《うら》みて能《よ》く眕《とど》まる者《もの》は、鮮《すくな》し。且《か》つ夫《そ》れ賤《いや》しくして貴《たつと》きを妨《さまた》げ、少《わか》くして長《ちょう》を陵《しの》ぎ、遠《とお》くして親《した》しきを間《へだ》て、新《あたら》しくして旧《ふる》きを間《へだ》て、小《しょう》にして大《だい》に加《くわ》え、淫《いん》にして義《ぎ》を破《やぶ》るは、所謂六逆《いわゆるりくぎゃく》なり。君《きみ》は義《ぎ》に、臣《しん》は行《おこな》い、父《ちち》は慈《じ》に、子《こ》は孝《こう》に、兄《あに》は愛《あい》し、弟《おとうと》は敬《けい》するは、所謂六順《いわゆるりくじゅん》なり。順《じゅん》を去《さ》りて逆《ぎゃく》に効《なら》うは、禍《わざわい》を速《まね》く所以《ゆえん》なり。人《ひと》に君《きみ》たる者《もの》は将《まさ》に禍《わざわい》を是《こ》れ務《つと》めて去《さ》らんとす。而《しか》るを之《これ》を速《まね》くは、乃《すなわ》ち不可《ふか》なること無《な》からんか」と。聴《き》かず。其《そ》の子《こ》厚《こう》 州吁《しゅうく》と游《あそ》ぶ。之《これ》を禁《きん》ずるも可《き》かず。桓公立《かんこうた》ちて、乃《すなわ》ち老《ろう》す。

◆伝(隠公三年)衛荘公娶二于斉東宮得臣之妹一、曰二荘姜一。美而無レ子。衛人所三為賦二碩人一也。又娶二于陳一、曰二厲嬀一。生二孝伯一。早死。其娣戴嬀生二桓公一。荘姜以為二己子一。公子州吁、嬖人之子也。有レ寵而好レ兵。公弗レ禁。荘姜悪レ之。石碏諫曰、「臣聞、愛レ子、教レ之以二義方一、弗レ納二於邪一。驕奢淫泆、所二自邪一也。四者之来、寵禄過也。将レ立二州吁一、乃定レ之矣。若猶未也、階レ之為レ禍。夫寵而不レ驕、驕而能降、降而不レ憾、憾而能眕者、鮮矣。且夫賤妨レ貴、少陵レ長、遠間レ親、新間レ旧、小加レ大、淫破レ義、所謂六逆也。君義、臣行、父慈、子孝、兄愛、弟敬、所謂六順也。去レ順効レ逆、所二以速一レ禍也。君レ人者将二禍

是務去一。而速レ之、無二乃不可一乎」。弗レ聴。其子厚与二州吁一游。禁レ之不レ可。桓公立、乃老。

隠公三年衛の荘公は斉の太子得臣の妹を夫人として娶り、荘姜といった。夫人荘姜は美人だったが子供に恵まれなかった。そのため衛の国の人々は「碩人」という詩を歌ってその不幸に同情していた。夫人に子供ができないためあらためて陳から公女を娶り、厲嬀と言った。厲嬀は孝伯を生んだが、この子は若死にしてしまった。ところが厲嬀と一緒に腰元として来ていた妹の戴嬀が桓公を生んだので、荘姜は自分の子として育てた。ところで公子州吁は荘公の愛妾の子であったが、荘公の寵愛をうけていて、徳を修めず武事を好んで粗野な面が目立っていたが、荘公はそれをとがめもせず好きなようにさせていた。荘姜はそんな州吁を嫌っていた。こうした事態を憂えて大夫の石碏が荘公を諫めて、「わたくしは、子供を愛するならば、道義を教えて、邪道に陥らないようにすることだと聞いております。驕《おご》りたかぶること、不相応な贅沢、過度の欲望、したい放題の行いこそが邪道に陥るもとなのです。州吁に四つの振る舞いが生ずるのは、寵愛と待遇が分を過ぎているからなのです。州吁を太子に立てるお考えならば、早く定めるのがよろしいでしょう。もしもまだ決めていないのならば、寵愛をよいことにして災いを引き起こすことになりましょう。そもそも寵愛をうけても驕りたかぶらず、驕りたかぶったとしてもへりくだることができ、へりくだっても恨むことなく、恨んでもがまんして自重できる人は滅多にいません。それに、身分の低い者が身分の高い者をはばみさまたげ、年少者が上長をしのぎおかし、疎遠の者が近親者を遠ざけてとってかわり、新参者が古参をへだて遠ざけ、小国が大国に武力を向け、淫欲の者が道義ある者をうち破る、これらを六逆——六つの邪道といいます。君が義を示し、臣下がこの義を行い、父は慈愛にみち、子は孝を尽くし、兄は弟を愛し、弟は兄を敬う、これらを六順——六つのまっとうな道といいます。まっとうな道をすてて邪道に従うのは、災いを招くもとです。人君たる者は、災いをのぞくことにつとめるものです。だのに災いを招くようにするのは、おかしいのではないでしょうか」と言った。荘公は聞きいれなかった。石碏の子の厚が州吁と交遊をもっていたので、石碏は付き合わないように禁じたが、厚はきかなかった。石碏の忠告がきいて桓公が太子に立ったので、そこではじめて大夫の位を退いた。

経四年《よねん》、春《はる》、王《おう》の二月《にがつ》、〔莒人《きよひと》、杞《き》を伐《う》ちて牟婁《ぼうろう》を取《と》る。〕戊申《ぼしん》、衛《えい》の州吁《しゆうく》其《そ》の君完《きみかん》を弑《しい》す。夏《なつ》、公《こう》　宋公《そうこう》と清《せい》に遇《あ》う。

伝四年《よねん》、春《はる》、衛《えい》の州吁《しゆうく》　桓公《かんこう》を弑《しい》して立《た》つ。公《こう》　宋公《そうこう》と会《かい》を為《な》し、将《まさ》に宿《しゆく》の盟《ちかい》を尋《あたた》めんとす。未《いま》だ期《き》に及《およ》ばざるに、衛人《えいひと》来《き》たりて乱《らん》を告《つ》ぐ。夏《なつ》、公《こう》　宋公《そうこう》と清《せい》に遇《あ》う。

宋《そう》の殤公《しようこう》の位《くらい》に即《つ》くや、公子馮《こうしひよう》　鄭《てい》に出奔《しゆつぽん》す。鄭人之《ていひとこれ》を納《い》れんと欲《ほつ》す。衛《えい》の州吁《しゆうく》の立《た》つに及《およ》び、将《まさ》に先君《せんくん》の怨《うらみ》を鄭《てい》に脩《おさ》めて、寵《ちよう》を諸侯《しよこう》に求《もと》め、以《もつ》て其《そ》の民《たみ》を和《わ》せんとし、宋《そう》に告《つ》げ使《し》めて曰《いわ》く、「君若《きみも》し鄭《てい》を伐《う》ち、以《もつ》て君《きみ》の害《がい》を除《のぞ》かんとならば、君主《きみしゆ》と為《な》れ。敝邑《へいゆう》　賦《ふ》を以《もつ》て、陳《ちん》・蔡《さい》と従《したが》わん。則《すなわ》ち衛国《えいこく》の願《ねが》いなり」と。宋人之《そうひとこれ》を許《ゆる》す。是《ここ》に於《おい》て陳《ちん》・蔡方《さいまさ》に衛《えい》に睦《むつま》し。故《ゆえ》に宋公《そうこう》・陳《ちん》侯《こう》・蔡人《さいひと》・衛人《えいひと》鄭《てい》を伐《う》ち、其《そ》の東門《とうもん》を囲《かこ》み、五日《いつか》にして還《かえ》る。公《こう》衆仲《しゅうちゅう》に問《と》いて曰《いわ》く、「衛《えい》の州吁《しゅうく》は其《そ》れ成《な》らんか」と。対《こた》えて曰《いわ》く、「臣《しん》徳《とく》を以《もっ》て民《たみ》を和《わ》するを聞《き》くも、乱《らん》を以《もっ》てするを聞《き》かず。乱《らん》を以《もっ》てするは、猶《な》お糸《いと》を治《おさ》めて之《これ》を棼《みだ》すがごときなり。夫《か》の州吁《しゅうく》は兵《へい》を阻《たの》みて忍《にん》に安《やす》んず。兵《へい》を阻《たの》めば衆《しゅう》無《な》く、忍《にん》に安《やす》んずれば親《しんな》無し。衆叛《しゅうそむ》き親離《しんはな》るれば、以《もっ》て済《な》り難《がた》し。夫《そ》れ兵《へい》は猶《な》お火《ひ》のごときなり。戢《おさ》めずんば、将《まさ》に自《みずか》ら焚《や》けんとするなり。夫《か》の州吁《しゅうく》は其《そ》の君《きみ》を弑《しい》して其《そ》の民《たみ》を虐用《ぎゃくよう》す。是《ここ》に於《おい》てか令徳《れいとく》を務《つと》めずして、乱《らん》を以《もっ》て成《な》さんと欲《ほっ》す。必《かなら》ず免《まぬか》れじ」と。

秋《あき》、諸侯《しょこうま》復た鄭《てい》を伐《う》つ。宋公来《そうこうき》たりて師《し》を乞《こ》わ使《し》む。公之《こうこれ》を辞《じ》す。羽父《うほし》師を以《もっ》て之《これ》に会《かい》せんことを請《こ》う。公許《こうゆる》さず。固《かた》く請《こ》いて行《ゆ》く。故《ゆえ》に書《しょ》して「翬《き》師《し》を帥《ひき》いる」と曰《い》うは、之《これ》を疾《にく》めばなり。諸侯《しょこう》の師《し》鄭《てい》の徒兵《とへい》を敗《やぶ》り、其《そ》の禾《か》を取《と》りて還《かえ》る。

州吁《しゅうく》未《いま》だ其《そ》の民《たみ》を和《わ》すること能《あた》わず。厚《こう》　君《きみ》を定《さだ》めんことを石子《せきし》に問《と》う。石《せき》子《し》曰《いわ》く、「王覲《おうきん》するを可《か》と為《な》す」と。曰《いわ》く、「何《なに》を以《もっ》てか覲《きん》するを得《え》ん」と。曰《いわ》く、「陳《ちん》の桓公《かんこう》方《まさ》に王《おう》に寵有《ちようあ》りて、陳《ちん》・衛《えい》方《まさ》に睦《むつま》し。若《も》し陳《ちん》に朝《ちょう》して請《こ》わ使《し》めば、必《かなら》ず得可《うべ》きなり」と。厚《こう》　州吁《しゅうく》に従《したが》って陳《ちん》に如《ゆ》く。石碏《せきさく》　陳《ちん》に告《つ》げ使《し》めて曰《いわ》く、「衛《えい》　国褊小《くにへんしょう》にして、老夫耄《ろうふぼう》せり。能《よ》く為《な》すこと無《な》きなり。此《こ》の二人《ににん》の者《もの》は、実《じつ》に寡君《かくん》を弑《しい》せり。敢《あ》えて即《つ》いて之《これ》を図《はか》れ」と。陳人之《ちんひとこれ》を執《とら》えて、涖《のぞ》まんことを衛《えい》に請《こ》う。九月《くがつ》、衛人《えいひと》　右宰醜《ゆうさいしゅう》をして涖《のぞ》みて州吁《しゅうく》を濮《ぼく》に殺《ころ》さ使《し》む。石碏《せきさく》其《そ》の宰獳羊肩《さいどうようけん》をして涖《のぞ》みて石厚《せきこう》を陳《ちん》に殺《ころ》さ使《し》む。君子《くんし》曰《いわ》く、「石碏《せきさく》は、純臣《じゅんしん》なり。州吁《しゅうく》を悪《にく》みて厚与《こうあずか》る。大義《たいぎ》　親《しん》を滅《めっ》すとは、其《そ》れ是《これ》の謂《いい》か」と。

衛人《えいひと》　公子晋《こうししん》を邢《けい》より逆《むか》う。冬《ふゆ》、十二月《じゅうにがつ》、宣公位《せんこうくらい》に即《つ》く。書《しょ》して「衛人《えいひと》　晋《しん》を立《た》つ」と曰《い》うは、衆《しゅう》なればなり。

◆経（隠公）四年、春、王二月、（莒人、伐レ杞取二牟婁一）。戊申、衛州吁弑二其君完一。夏、公及二宋公一遇二于清一。

◆伝四年、春、衛州吁弑二桓公一而立。公与二宋公一為レ会、将レ尋二宿之盟一。未レ及レ期、衛人来告レ乱。夏、公及二宋公一遇二于清一。

宋殤公之即レ位也、公子馮出二奔鄭一。鄭人欲レ納レ之。及二衛州吁立一、将下脩二先君之怨於鄭二、而求二寵於諸侯一、以和中其民上、使レ告二於宋一曰、「君若伐レ鄭、以除二君害一、君為レ主。敝邑以レ賦、与二陳・蔡一従。則衛国之願也」。宋人許レ之。於レ是陳・蔡方睦二於衛一。故宋公・陳侯・蔡人・衛人伐レ鄭、囲二其東門一、五日而還。公問二於衆仲一曰、「衛州吁其成乎」。対曰、「臣聞下以レ徳和一レ民、不レ聞レ以レ乱。以レ乱、猶三治レ糸而棼一レ之也。夫州吁阻レ兵而安レ忍。阻レ兵無レ衆、安レ忍無レ親。衆叛親離、難二以済一矣。夫兵猶レ火也。弗レ戢、将二自焚一也。夫州吁弑二其君一而虐二用其民一。於レ是乎不レ務二令徳一、而欲二以レ乱成一。必不レ免矣」。

秋、諸侯復伐レ鄭。宋公使二来乞一レ師。公辞レ之。羽父請二以レ師会一レ之。公弗レ許。固請而行。故書曰二「翬帥一レ師」一、疾レ之也。諸侯之師敗二鄭徒兵一、取二其禾一而還。州吁未レ能レ和二其民一。厚問二定レ君於石子一。石子曰、「王覲為レ可」。曰、「何以得レ覲」。曰、「陳桓公方有レ寵二於王一、陳・衛方睦。若朝レ陳使レ請、必可レ得也」。厚従二州吁一如レ陳。

石碏使レ告二于陳一曰、「衛国褊小、老夫耄矣。無二能為一也。此二人者、実弑二寡君一。敢即図レ之」。陳人執レ之、而請二涖于衛一。九月、衛人使三右宰醜涖殺二州吁于濮一。石碏使三其宰獳羊肩涖殺二石厚于陳一。君子曰、「石碏、純臣也。悪二州吁一而厚与焉。大義滅レ親、其是之謂乎」。

衛人逆二公子晋于邢一。冬、十二月、宣公即レ位。書曰二「衛人立レ晋」一、衆也。

経四年、春、王の二月、莒の人が杞の国を伐って、杞の邑である牟婁《ぼうろう》の地を取った。戊申の日（三月十七日）、衛の州吁がその君の完を弑した。夏、魯公は宋の殤公と清の地で会った。

伝四年、春、衛の州吁が桓公を殺して位についた。魯の隠公は宋公（殤公）と会合し、元年九月に結んだ宿の盟約を再確認しようとしていた。会合の約束の期日にならないうちに、衛の人が魯にやって来て、衛の国内の騒乱を報告した。こういう事情で夏になってやっと隠公は宋公と清の地で遇った。

その昔宋の殤公が位につくと、公子馮（荘公）は鄭に出奔したが、鄭の人は後悔して公子馮を宋の国へ入れようとした。ところが衛の州吁が桓公を弑して自らが君として立つと、先君からの鄭に対する遺恨をはらして、諸侯の人気をとり、そうすることで国民の心をおさめなつけようと考え、この計画を実現させようとして、その手始めに使いをやって宋に申し入れて、「あなたにもしも鄭を伐ってご自身の邪魔者である公子馮の害をとりのぞきたいとのお考えがあるなら、あなたに軍の主力になっていただきたい。わが国からも兵力を出し、陳や蔡とともにはせ参じたい。これが衛国の望むところでございます」と言った。宋の人はこの申し入れを聞きいれた。このとき、陳と蔡は衛と親密にしていたので、宋公・陳侯・蔡の人・衛の人は鄭を伐って、その都の東門を包囲したが、わずか五日間の攻撃だけで退いて帰った。隠公は大夫の衆仲に、「衛の州吁はこれから国君としてうまくやっていけるだろうか」とたずねると、衆仲は、「徳をもって人民をなつけ和するということは聞いていますが、武力をたのみにして人民をなつけ和するとは聞いたことがありません。武力の行使をして人民をなつけ和そうとするのは、まるで糸を整えようとしてかえってもつれさせてしまうようなものです。あの州吁という男は武力をたのんで兄の桓公を殺すような残忍なことを平然とやった人です。武力をたのめば民衆は叛き離れ、残忍なことを平気でやれば親戚縁者も離れていきます。民衆が叛き離れ、親戚縁者が離れてゆくようでは、事を成就することはかないません。そもそもこの武力というのはあたかも火のような力をもつもので、うまく扱わなければ自分の身を焼くもとになります。あの州吁という男は自分の君を弑し、その人民を残虐に扱って使っています。ほかでもないこのようなときに君としてあるべき立派な徳の実現に努めずに、武力をたのんでことを成就しようと願っております。必ず災いから逃れられないと存じます」と言った。

秋、諸侯が再度鄭を伐った。宋公は使者を魯に来させて援軍を求めたが、隠公はこの申し出を断った。大夫の羽父は軍を率いて参戦したいと願い出たが、隠公は許さなかった。しかし無理やりに頼み込んで出掛けて行った。それで経文で公子翬と書かずに「翬が師を帥いて」と書いたのは、隠公の意図を無視したその不法なやり方を筆者がにくんだからである。ところで諸侯の軍は鄭の歩兵隊を破り、鄭の稷《きび》を刈り取って引き上げた。

戦争に勝ったものの衛の州吁はまだ衛の人民をなつけ和することができなかった。これを心配して州吁と仲のよい石厚は父の石碏に、どうすれば国君としての地位を安定できるかと問うた。石碏は、「周王にお目みえするのがよい」と言った。「どうすればお目みえすることができますか」と石厚が言うと、石碏は、「陳の桓公はいま周王の寵愛を受けており、陳と衛とはいま親密な関係にある。だからこちらから陳に出向いて行き周王にお目みえできるようにたのんでもらえば、きっとうまくいくだろう」と言った。石厚は州吁とともに陳へ出かけた。二人が出かけたのを見届けるや、石碏の言葉を真に受けて石碏は使者を陳にやって、「衛は国も小さく、このわたくしも老いぼれてしまい、問題を処理する力がありません。この二人はまがうことなくわが君（桓公）を弑した連中です。どうかこの機会をとらえてしかるべくご処置下さい」と言わせた。そこで陳の人は二人を捕らえ、処刑に立ち会うよう衛に求めた。九月、衛の人は右宰（官名）の醜を派遣して立ち会いに臨ませ、州吁を濮（河の名）で殺させた。一方石碏はその家宰（家臣の長）の獳羊肩をやって処刑に立ち会わせ、石厚を陳で殺させた。このことを論評して君子は、「石碏はまぎれもない忠臣である。州吁の弑君の罪をにくんで、わが子の厚まで一緒に処断した。昔から君臣の大義のためには肉親間の愛情まで滅却するというが、この石碏の行為をいうのであろうか」と言った。

衛の人は公子晋を衛から迎え入れた。冬、十二月、衛の宣公（公子晋）が位についた。経文に「衛人　晋を立つ」と書かれているのは、公子晋が衛の君になることを国の大多数が望んでいたからである。

❖❖❖❖

大義　親を滅す　この章のタイトルとして掲げている「大義　親を滅す」という言葉は、古くから使われていた当時の慣用的言い回しで、この記述の中では、石碏と石厚との父子関係の問題を説明するために使われています。そして、この言葉は、君臣の大義のためには、父子兄弟の親愛関係でも無視されるべきである、とか、大きな道義を全うするためには私親を捨てる、とかの意味で使われるのが普通です。この言葉が拡大されて使われますと、国家的秩序を守るためには、個人の私的な感情や恩愛をうち捨てる、個人を否定するという意味で使われたりします。難しく申しますと、血縁倫理よりも国家規範に重きを置くことです。なるほど、国家秩序を優先する考え方が少ないわけではありませんが、『左伝』全体でみますと、この「大義　親を滅す」という考え方の是認は必ずしも揺るぎないものではありません。儒教倫理は、子が羊を盗んでも、父が羊を盗んでも、「父は子のために隠し、子は父のために隠す。直きことその中に在り」（『論語』子路篇）という孔子のことばが根幹になっています。従って、この孔子の立場を否定する考え方だと捉えるよりも、肉親間の繋がりを重大視しているなかでの慣用語の引用だと考えるのがいいと思います。

◆関羽と『春秋左氏伝』①

関羽といえば、我が国でも神戸や横浜に建立されている関帝廟に「ご本尊」として祭られていることでも分かるように信仰の対象になっています。信仰のなかみについては、軍神というならいざ知らず、商売繁盛が祈願されたり、台湾では受験の神様として尊崇されたりしているようです。

既成宗教では、仏教が最初に関羽を信仰の対象として崇めていますし、中国の民間宗教である道教でも神格化されて崇められ、儒教でも尊崇の対象として取り上げられています。関羽が、儒・仏・道の三教で信仰の対象となったいきさつについては、道教や仏教では神秘的霊的な現象を伴って伝えられています。

関羽は、生まれた年は詳《つまび》らかではありませんが、二一九年に悲運な生涯を閉じています。魏・呉・蜀の三国が相争ったいわゆる三国時代の蜀の劉備《りゅうび》に仕え忠誠を尽くした政治家であり、武人でもあります。

この時代は、魏の曹操《そうそう》、呉の孫権《そんけん》、蜀の諸葛孔明《しょかつこうめい》、あるいは関羽と行動を共にした張飛《ちょうひ》など著名な人材が活躍して、後世の『三国志演義』を生み、京劇などの題材として取り上げられている歴史の舞台であったことは多くの人の知るところです。パソコンで変換しても、上に挙げた人物は造作なく変換されます。人口に膾炙《かいしゃ》していて、時代を問わずこの人物達に心惹かれる人が数多くいるということです。なかでも、ドラマ性をもって生きていたのが関羽だと言えるでしょう。もっとも関羽が生きた歴史的事実が小説や戯曲を生んだのですが。

関羽の伝記は、国家公認の歴史、一般には正史と言いますが、その正史の一つである『三国志』の「蜀書《しょくしょ》」篇の中に記されています。この伝記が関羽の表だった事跡を伝えているのですが、これを読む限り、簡略化して言えば、混乱した時代状況の中で政治家・武人として様々な困難に打ち勝ち、難局を乗り切り、敵対する統領とも信頼関係をもちつつ、主君の劉備に最後まで忠節を尽くして、最後は呉の孫権が遣わした将軍に息子とともに斬り殺されて波乱の人生の幕を閉じた、というように紹介できます。

関羽伝は、人物像の一端を伝えています。敵の毒矢を受け、骨にまで毒がまわっていて、毒を取り除くために肘《ひじ》を切開しなければならないほどになっていたにもかかわらず、宴会の最中に行われた切開手術では痛むそぶりも見せずに酒や肉を飲食し、平然と談笑していたということを特筆しています。

この挿話が伝えるように関羽は武勇の士でしたが、武を誇る一方で、学問にも励んでいて、本伝の注釈には、関羽が『春秋左氏伝』を好み、『左伝』を諳《そら》んじているほどであった、と記されています。三国志の著者である晋の陳寿《ちんじゅ》は、関羽が政治家としてもまた武人としても卓越した人物であったことを際だたせてその伝記を叙述することに熱心で、その活動や人間形成を支え、生み出していたものに触れていません。それで三国志の注釈を書いた南朝宋の裴松之《はいしょうし》は、関羽の人間形成の素地といいますか、教養や知見の形成の一つには、かれが『春秋左氏伝』を愛好していた所にあるのだ、と考えて、また関羽が『左氏伝』を愛読していたことはよく知られたことだったということでもあったのでしょうか、陳寿が書かなかったことをわざわざ注記したのではないかと推察しています。

六　人はことごとく夫なり（桓公十五年、紀元前六九七年）

十有五年《じゆうゆうごねん》、五月《ごがつ》、鄭伯突《ていはくとつ》蔡《さい》に出奔《しゆつぽん》す。鄭《てい》の世子《せいし》忽鄭《こつてい》に復帰《ふつき》す。

◆経 十有五年、五月、鄭伯突出二奔蔡一。鄭世子忽復二帰于鄭一。

桓公十五年、五月、鄭伯突が蔡に出奔（亡命）し、鄭の世子《よつぎ》忽が鄭に復帰した。

祭仲《さいちゆう》専《もつぱら》なり。鄭伯之《ていはくこれ》を患《うれ》い、其《そ》の壻雍糾《せいようきゆう》をして之《これ》を殺《ころ》さ使《し》めんとす。将《まさ》に諸《これ》を郊《こう》に享《きよう》せんとす。雍姫之《ようきこれ》を知《し》り、其《そ》の母《はは》に謂《い》いて曰《いわ》く、「父《ちち》と夫《おつと》と孰《いず》れか親《した》しき」と。其《そ》の母曰《ははいわ》く、「人《ひと》は尽《ことごと》く夫《おつと》なり。父《ちち》は一《いつ》のみ。胡《なん》ぞ比《ひ》す可《べ》けん」と。遂《つい》に祭仲《さいちゆう》に告《つ》げて曰《いわ》く、「雍氏《ようし》其《そ》の室《しつ》を舎《す》てて将《まさ》に子《し》を郊《こう》に享《きよう》せんとす。吾之《われこれ》に惑《まど》えり。以《もつ》て告《つ》ぐ」と。祭仲《さいちゆう》雍糾《ようきゆう》を殺《ころ》し、諸《これ》を周氏《しゆうし》の汪《いけ》に尸《さら》す。公《こうの》載せて以《もつ》て出《い》ず。曰《いわ》く、「謀《はかりごと》婦人《ふじん》に及《およ》ぶ。宜《むべ》なり其《そ》の死《し》すること」と。夏《なつ》、厲公《れいこう》蔡《さい》に出奔《しゆつぽん》す。六月《ろくがつ》、乙亥《いつがい》、昭公《しようこう》入る。

◆伝祭仲専。鄭伯患㆑之、使㆓其壻雍糾殺㆒㆑之。将㆑享㆓諸郊㆒。雍姫知㆑之、謂㆓其母㆒曰、「父与㆑夫孰親」。其母曰、「人尽夫也。父一而已。胡可㆑比也」。遂告㆓祭仲㆒曰、「雍氏舎㆓其室㆒而将㆑享㆓子于郊㆒。吾惑㆑之。以告」。祭仲殺㆓雍糾㆒、尸㆓諸周氏之汪㆒。公載以出。曰、「謀及㆓婦人㆒。宜其死也」。夏、厲公出㆓奔蔡㆒。六月、乙亥、昭公入。

鄭の（執政役）祭仲に専横な振る舞いが目立つようになってきた。鄭伯（厲公）はなんとかしようと考えあぐねて、祭仲の婿《むこ》の雍糾に殺害させようとした。厲公の命を受けた雍糾は祭仲を郊外に招いて宴席を設けようとした。ところが雍糾の妻の雍姫が感づいて、自分の母親に、「父上と夫とはどちらが親しく大切なものでしょうか」とたずねた。母親は、「人《おとこ》はだれでも夫になれるが、父上は一人だけです。どうして比べることなどできましょうか」と言った。こんなことがあって雍姫は父の祭仲に告げて、「夫の雍氏は妻の私に関わらせたくなくて自分の家ではなく、わざわざ郊外で父上をもてなそうとしております。何かわけでもあるのでは、と存じました。それでお知らせ致します」と言った。これを聞いた祭仲は先手を打って雍糾を殺害し、これみよがしに死体を鄭の大夫周氏の邸宅の池にさらした。難の及ぶことを恐れた厲公は雍糾の遺体を車にのせて国外に脱出し、「謀が婦人に洩れたのだから、死ぬ羽目になったのも当然だ」と言った。夏、鄭の厲公は蔡に出奔した。六月、乙亥の日（二十二日）、鄭の昭公（世子忽）が国都に入り君となった。

❖❖❖❖

この話も人間関係の基本になるいろいろな問題、親子とは何か、夫婦とは何か、果ては家族とは何かというような問題を考えさせてくれます。

人と人との結びつきの最も基本にあるのは、血の繋がりですが、それは種の保存という動物の本能的営みに基づいていて、家族を形成します。家族の中では親子の間柄が根幹になります。そして、親子の結びつきを「天合」といい、義理による結びつきを「義合」といいます。君と臣との結びつきは義合の代表的な関係です。

このように人間関係を図式的に単純化して考えると、父子の関係を最も重視していますから、夫婦の関係は義合に属すると捉えていたと言えます。天合を最も重視するのが儒教の倫理ですから、この場合、計略を知っていた娘の雍姫が夫の雍糾に従っていたら、殺人の罪だけでなく、親殺しに荷担した共犯者として殺人の罪以上の重い大逆非道な罪を問われることになります。雍姫も内心大いに悩み迷ったので、母親に父と夫の軽重を問うたのです。母親ではなく、第三者に尋ねていたら、母親と同じ答えになっていたかどうか。皆さんがそうした相談を受けたらどうでしょうか。もちろん、人を殺すことは、何時の時代でも許されないことですが。

七　宋襄の仁（僖公二十二年、紀元前六三八年）

冬《ふゆ》、十有一月《じゅうゆういちがつ》、己巳《きし》朔《さく》、宋公《そうこう》　楚人《そひと》と泓《おう》に戦《たたか》う。宋師《そうし》敗績《はいせき》す。

◆経 冬、十有一月、己巳朔、宋公及二楚人一戦二于泓一。宋師敗績。

冬十一月己巳朔、宋公が楚の人と泓で戦った。宋の軍が総崩れとなって敗れた。

楚人《そひと》　宋《そう》を伐《う》ちて以《もっ》て鄭《てい》を救《すく》う。宋公将《そうこうまさ》に戦《たたか》わんとす。大司馬《だいしば》固《こ》諫《いさ》めて曰《いわ》く、「天《てん》の商《しょう》を棄《す》つること久《ひさ》し。君将《きみまさ》に之《これ》を興《おこ》さんとす。赦《ゆる》さる可《べ》からざるのみ」と。聴《き》かず。冬《ふゆ》、十一月《じゅういちがつ》、己巳《きし》朔《さく》、宋公《そうこう》　楚人《そひと》と泓《おう》に戦《たたか》う。宋人《そうひと》既《すで》に列《れつ》を成《な》す。楚《そ》人《ひと》未《いま》だ既《ことごと》くは済《わた》らず。司馬《しば》曰《いわ》く、「彼《かれ》は衆《おお》くして我《われ》は寡《すくな》し。其《そ》の未《いま》だ既《ことごと》くは済《わた》らざるに及《およ》び、請《こ》う之《これ》を撃《う》たん」と。公曰《こういわ》く、「不可《ふか》なり」と。既《ことごと》く済《わた》るも未《いま》だ列《れつ》を成《な》さず。又以《またもっ》て告《つ》ぐ。公曰《こういわ》く、「未《いま》だ可《か》ならず」と。既《すで》に陳《じん》して而《しか》る後《のち》に之《これ》を撃《う》つ。宋《そう》の師《し》敗績《はいせき》し、公股《こうもも》に傷《きず》つき、門官殲《もんかんつ》きたり。国人皆公《こくじんみなこう》を咎《とが》む。公曰《こういわ》く、「君子《くんし》は傷《きず》を重《かさ》ねず、二毛《にもう》を禽《とりこ》にせず。古《いにしえ》の軍《ぐん》を為《な》すや、阻隘《そあい》を以《もっ》てせざるなり。寡人亡国《かじんぼうこく》の余《よ》と雖《いえ》ども、列《れつ》を成《な》さざるに鼓《こ》せず」と。子魚曰《しぎょいわ》く、「君未《きみいま》だ戦《たたか》いを知《し》らず。勍敵《きょうてき》の人《ひと》、隘《あい》にして列《れつ》せざるは、天我《てんわれ》を賛《たす》くるなり。阻《そ》にして之《これ》に鼓《こ》す、亦《また》可《か》ならずや。猶《な》お懼《おそ》れ有《あ》り。且《か》つ今《いま》の勍《つよ》き者《もの》は、皆吾《みなわ》が敵《てき》なり。胡耇《ここう》に及《およ》ぶと雖《いえ》ども、獲《え》ば則《すなわ》ち之《これ》を取《と》らん。何《なに》か二毛《にもう》に有《あ》らん。恥《はじ》を明《あき》らかにし戦《たたか》いを教《おし》うるは、敵《てき》を殺《ころ》さんことを求《もと》むるなり。傷《きず》つくも未《いま》だ死《し》するに及《およ》ばずんば、如何《いかん》ぞ重《かさ》ぬること勿《な》からんや。若《も》し傷《きず》を重《かさ》ぬるを愛《あい》せば、則《すなわ》ち傷《きず》つくること勿《な》きが如《ごと》し。其《そ》の二毛《にもう》を愛《あい》せば、則《すなわ》ち服《ふく》するが如《ごと》し。三軍《さんぐん》は利《り》を以《もっ》て用《もち》いるなり。金鼓《きんこ》は声《こえ》を以《もっ》て気《き》するなり。利《り》ありて之《これ》を用《もち》うれば、阻隘《そあい》も可《か》なり。声盛《こえさか》んにして志《こころざし》を致《いた》さば、儳《ざん》に鼓《こ》するも可《か》なり」と。

◆伝楚人伐レ宋以救レ鄭。宋公将レ戦。大司馬固諫曰、「天之棄レ商久矣。君将レ興レ之。弗レ可レ赦也已」。弗レ聴。冬、十一月、己巳朔、宋公及二楚人一戦二于泓一。宋人既成レ列。楚人未二既済一。司馬曰、「彼衆我寡。及三其未二既済一也、請撃レ之」。公曰、「不可」。既済而未レ成レ列。又以告。公曰、「未レ可」。既陳而後撃レ之。宋師敗績、公傷レ股、門官殲焉。国人皆咎レ公。公曰、「君子不レ重レ傷、不レ禽二二毛一。古之為レ軍也、不レ以二阻隘一也。寡人雖二亡国之余一、不レ鼓レ不レ成レ列」。子魚曰、「君未レ知レ戦。勍敵之人、隘而不レ列、天賛レ我也。阻而鼓レ之、不二亦可一乎。猶有レ懼焉。且今之勍者、皆吾敵也。雖レ及二胡耇一、獲則取レ之。何有二於二毛一。明レ恥教レ戦、求レ殺レ敵也。傷未レ及レ死、如何勿レ重。若愛レ重レ傷、則如レ勿レ傷。愛二其二毛一、則如レ服焉。三軍以レ利用也。金鼓以レ声気也。利而用レ之、阻隘可也。声盛致レ志、鼓レ儳可也」。

楚の人の軍隊が宋を伐って、宋・衛に攻められている鄭を救った。宋公（襄公）が戦おうとしたとき、軍事をつかさどる長官の大司馬の公孫固が諫めて、「天が宋の祖先である商（殷）王朝をみすてて随分久しくなります。わが君は商を再興しようとなさっていますが、天から許されることではありません。楚を許してともに戦わない方がよろしいでしょう」と言った。襄公は聞き入れなかった。冬、十一月、己巳《きし》朔《ついたち》の日に、宋公は泓水《おうすい》のほとりで戦った。宋の人の軍勢はすでに隊列を整えて戦闘態勢に入っていたが、楚の人の軍勢はまだ全軍が泓水を渡りきっていなかった。この様子をみて、好機到来とばかりに司馬は「敵は多勢でわが方は少人数です。敵方がすっ

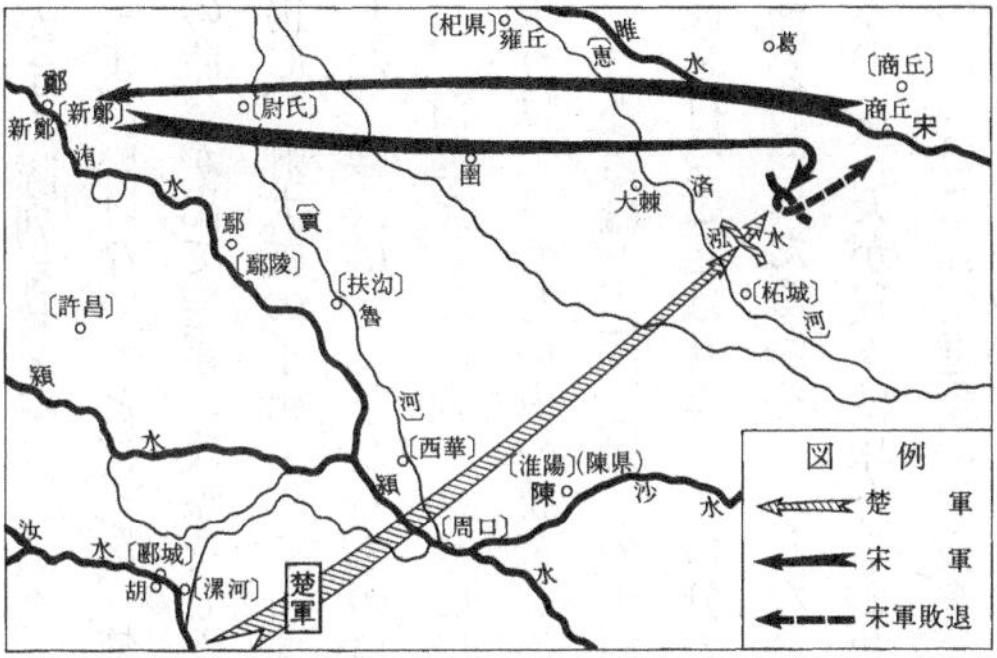

楚・宋泓水の戦い　見取り図

かり渡りきらないうちに攻撃をしかけましょう」と言った。襄公は「それはいけない」と言った。楚軍はすっかり渡りきったがまだ隊列を整えていなかった。司馬が攻撃するようにさらに勧告したが、公は「まだいけない」と言った。楚の軍隊が十分陣列を整えてからそこでやっと襄公の命令が出て楚軍に攻撃をしかけた。そのため宋の軍隊は大敗し、襄公は股に負傷し、卿大夫の子弟ものこらず戦死してしまった。国の人々は口々に襄公を非難した。襄公は「君子たるものは一度傷ついた者をかさねて傷つけることはしないし、白髪まじりの人をとりこにしないものだ。信義が実現していた古の軍のありようは、けわしい所や狭苦しい場所につけこんで敵を攻撃しなかった。このわたしはなるほど亡国（殷）の末裔ではあるが、隊列を整えていない敵軍に進撃の太鼓を打つことはせぬ」と自分の信ずる所を言った。襄公の庶兄子魚は、「わが君は戦争の何たるかをご存じない。強力な敵が狭苦しい場所で隊列を整えないでいるのは、天が我々に味方して助けてくれているのです。けわしい場所に敵がいるのにつけこんで進撃の太鼓を打つのは、またとない好機ではないでしょうか。それでもまだ強敵の楚に勝てない恐れがあるのが実情です。それに今傷つかずに力をそなえている者は、いずれも我々にとっては強敵ばかりなのです。たとい老人であろうとも、捕らえたら殺してしまい、白髪まじりとて何の遠慮がいりましょう。戦陣での恥ずべき行為が何かを明らかにして軍律を定め、戦い方を教えるのは、敵を殺すためなのです。一度負傷したものでもまだ死んでいなければ、当然何度も追い討ちをかけるべきです。もし追い討ちをかけるのがかわいそうだというのなら、初めから傷つけなければよいのです。白髪まじりの人を哀れむのならば、こちらが降伏すればよいのです。三軍を設けているのは、利があるとみれば用いるためなのです。鉦《かね》を鳴らし太鼓を打つのは、その音で兵士の士気を高めたり落ちつけようとするためなのです。わが方に利があるとみて軍を用いたのであれば、けわしい所でも相手を攻撃するのはいっこうに構わないでしょう。太鼓を高らかに打ち鳴らして兵士の士気を高ぶらせたのですから、敵方が揃っていないうちに太鼓を打ち鳴らして進撃の合図を出すのも一向に構わないのです」と言った。

❖　❖　❖　❖

「宋襄の仁」　今では殆《ほとん》ど使われることもなくなっていますが、宋襄の仁というのは、婦人の仁とも差別的に言われるように、無用の情けの意味で使われます。この段の故事に由来してできた成語です。『孟子』に伝える「助長」の故事といい、『韓非子』で引き合いに出される「守株」の故事といい、その当事者はどちらも殷の末裔の宋の人です。この宋襄の仁も同じく宋の人で、しかも国君です。亡国の子孫というので、軽侮の対象に取り上げられたのか、あるいは同じ失敗や愚行でも人目を引きやすかったために批判や嘲笑の的になったのかは、はっきりしませんが、一種の社会的色眼鏡で見られていたことを示していると考えられます。これらの逸話に現れる行為は、進取の気象が欠けていたり、怠慢な点が共通していますから、国を滅ぼす原因と結びつけて人々に語り継がれていたのかもしれません。

『公羊伝』の理解　宋の襄公が戦陣にあって厳格に礼法を遵守しようとしたことを厳しく批判する『左伝』に対して、『公羊伝』は百八十度異なった観点から評価をして、次のようにその経過を伝えています。

宋の襄公は楚人と泓水の陽《きた》で戦うことになった。楚人が泓水を渡ってやってきた。係の役人が、「どうか楚人がすっかり渡りきらないうちに攻撃しましょう」と報告してきた。襄公は、「駄目だ。君子は人が難儀な状態にいる所をつけ込まず、と聞いている。自分は亡国の生き残りだが相手の難儀につけ込んでまで戦いたくはない」と答えた。楚人が泓水を渡りきったが、まだ陣列を整えるまでにはなっていなかった。また役人が「敵方が隊列を整えないうちに攻撃しましょう」と報告してきた。宋の襄公は、「まかりならぬ。君子は、隊列が整わない敵に進撃の太鼓を打たないものだ」と言った。楚人の隊列が整ったので、襄公は進撃の太鼓を打ち鳴らした。宋の軍は大敗を喫した。だから時の君子は、襄公が陣列をきちんと整えていない相手に進撃の合図をしなかったことを素晴らしいことだとほめ、大事に臨んでも守るべき大礼を忘れなかった。立派な君がいて、それに相応《ふさわ》しい臣下がいなかった。文王の戦いでも、ここまでは出来なかった、と考えたほどである。

殷王朝崩壊が迫っているなかで、多くの諸侯の支持を得て、周王朝樹立の基礎を築いた聖王の文王の戦陣ですら、宋の襄公のそれには及ばなかったろうと『公羊伝』の君子は絶賛しています。文字通り生きるか死ぬかという戦時の重大局面にあってすら、礼法を守りきったことを絶賛の根拠にしています。自国の軍隊が壊滅的大敗を喫していると いう重大な結果の如何を問題にすることなく、結果に至る過程をみていると言えます。

人が窮地に陥っているのに乗じて、自己の利益をもくろむことは、道義的には許されないことです。しかし、こと戦争なのですから、『史記』宋世家で子魚が、「兵は勝つことが功績なのだ。必ず襄公の言うようにするのなら、奴隷となって従属するだけだ。戦争などするまでもない」と言っているのが平常な判断でしょう。その点では数多くの自国民の生命を失わせた襄公の国君としての責任は重大だったと言えます。『左伝』のように結果を重視するか、『公羊伝』のように動機を問題にするかによって一つの事件や事柄の価値評価や判断が分かれてしまうことになります。

八　晋の趙盾その君夷皐を弑す（宣公二年、紀元前六〇七年）

秋《あき》、九月《くがつ》、乙丑《いっちゅう》、晋《しん》の趙盾《ちょうとん》其《そ》の君《きみ》夷皐《いこう》を弑《しい》す。

◆経 秋、九月、乙丑、晋趙盾弑㆓其君夷皐㆒。

秋、九月、乙丑の日、晋の趙盾がその君の夷皐を弑した。

晋《しん》の霊公君《れいこうきみ》たらず。厚《あつ》く斂《れん》して以《もっ》て牆《しょう》に彫《ほ》り、台上従《だいじょうよ》り人《ひと》を弾《だん》じて、其《そ》の丸《たま》を辟《さ》くるを観《み》る。宰夫《さいふ》熊蹯《ゆうはん》を胹《に》て熟《じゅく》せず。之《これ》を殺《ころ》し、諸《これ》を畚《ほん》に寘《お》き、婦人《ふじん》をして載《の》せて以《もっ》て朝《ちょう》を過《よぎ》ら使《し》む。趙盾《ちょうとん》・士季《しき》其《そ》の手《て》を見《み》、其《そ》の故《ゆえ》を問《と》いて、之《これ》を患《うれ》う。将《まさ》に諫《いさ》めんとす。士季《しき》曰《いわ》く、「諫《いさ》めて入《い》らずんば、則《すなわ》ち之《これ》を継《つ》ぐもの莫《な》けん。会請《かいこ》う先《さき》んぜん。入《い》らずんば則《すなわ》ち子《し》之《これ》を継《つ》げ」と。三《み》たび進《すす》みて溜《りゆう》に及《およ》び、而《しこ》うして後《のち》に之《これ》を視《み》て曰《いわ》く、「吾過《われあやま》つ所《ところ》を知《し》れり。将《まさ》に之《これ》を改《あらた》めんとす」と。稽首《けいしゆ》して対《こた》えて曰《いわ》く、「人誰《ひとたれ》か過《あやま》ち無《な》からん。過《あやま》ちて能《よ》く改《あらた》むる。善焉《ぜんこれ》より大《だい》なるは莫《な》し。詩《し》に曰《いわ》く、『初《はじ》め有《あ》らざる靡《な》し。克《よ》く終《お》わり有《あ》ること鮮《すくな》し』と。夫《そ》れ是《か》くの如《ごと》くんば、則《すなわ》ち能《よ》く過《あやま》ちを補《おぎな》う者《もの》は鮮《すくな》し。君《きみ》能《よ》く終《お》わり有《あ》らば、則《すなわ》ち社稷《しやしよく》の固《かた》めなり。豈唯《あにた》だ群臣《ぐんしん》のみ之《これ》に頼《よ》らんや。又《また》曰《いわ》く、『衮職闕《こんしよくか》くる有《あ》らば、惟《た》だ仲山甫之《ちゆうざんぽこれ》を補《おぎな》う』とは、能《よ》く過《あやま》ちを補《おぎな》うなり。君能《きみよ》く過《あやま》ちを補《おぎな》わば、衮廃《こんすた》れざらん」と。猶《な》お改《あらた》めず。宣子《せんし》驟《しばしば》諫《いさ》む。公之《こうこれ》を患《うれ》う。鉏麑《しよげい》をして之《これ》を賊《ぞく》せ使《し》めんとす。晨《あした》に往《ゆ》く。寝門闢《しんもんひら》けり。盛服《せいふく》して将《まさ》に朝《ちよう》せんとす。尚《な》お早《はや》し。坐《ざ》して仮寐《かび》す。麑退《げいしりぞ》き、歎《たん》じて言《い》いて曰《いわ》く、「恭敬《きようけい》を忘《わす》れざるは、民《たみ》の主《しゆ》なり。民《たみ》の主《しゆ》を賊《ぞく》するは、不忠《ふちゆう》なり。君《きみ》の命《めい》を棄《す》つるは、信《しん》ならず。此《ここ》に一有《いつあ》るは、死《し》するに如《し》かざるなり」と。槐《かい》に触《ふ》れて死《し》す。

秋《あき》、九月《くがつ》、晋侯《しんこう》　趙盾《ちょうとん》に酒《さけ》を飲《の》ましめ、甲《こう》を伏《ふ》せて将《まさ》に之《これ》を攻《せ》めんとす。其《そ》の右提弥明《ゆうていびめい》之《これ》を知《し》る。趨《はし》り登《のぼ》りて曰《いわ》く、「臣《しん》　君《きみ》の宴《えん》に侍《はべ》り、三爵《さんしゃく》を過《す》ぐるは、礼《れい》に非《あら》ざるなり」と。遂《つい》に扶《たす》けて以《もっ》て下《くだ》る。公夫《こうか》の獒《ごう》を嗾《そう》す。明搏《めいう》ちて之《これ》を殺《ころ》す。盾曰《とんいわ》く、「人《ひと》を棄《す》てて犬《いぬ》を用《もち》いる、猛《たけ》しと雖《いえ》ども何《なに》をか為《な》さん」と。闘《たたか》い且《か》つ出《い》ず。提弥明《ていびめい》之《これ》に死《し》す。

初《はじ》め、宣子《せんし》　首山《しゅざん》に田《かり》し、翳桑《えいそう》に舎《やど》る。霊輒《れいちょう》の餓《う》えたるを見《み》て、其《そ》の病《やまい》を問《と》う。曰《いわ》く、「食《くら》わざること三日《みっか》なり」と。之《これ》に食《くら》わしむ。其《そ》の半《なかば》を舎《お》く。之《これ》を問《と》う。曰《いわ》く、「宦《かん》すること三年《さんねん》。未《いま》だ母《はは》の存否《そんぴ》を知《し》らず。今近《いまちか》し。請《こ》う以《もっ》て之《これ》を遺《おく》らん」と。之《これ》を尽《つ》くさ使《し》めて、之《これ》が為《ため》に食《し》と肉《にく》とを箪《たん》にし、諸《これ》を橐《たく》に寘《お》きて以《もっ》て之《これ》に与《あた》う。既《すで》にして公《こう》の介為《かいた》るに与《あず》かる。戟《げき》を倒《さかさま》にして以《もっ》て公《こう》の徒《と》を禦《ふせ》ぎて之《これ》を免《のが》れしむ。「何《なん》の故《ゆえ》ぞ」と問《と》う。対《こた》えて曰《いわ》く、「翳桑《えいそう》の餓人《がじん》なり」と。其《そ》の名居《めいきょ》を問《と》う。告《つ》げずして退《しりぞ》き、遂《つい》に自《みずか》ら亡《に》ぐ。乙丑《いっちゅう》、趙穿《ちょうせん》霊公《れいこう》を桃園《とうえん》に攻《せ》む。宣子《せんし》未《いま》だ山《やま》を出《い》でずして復《かえ》る。大史《たいし》書《しょ》して曰《いわ》く、「趙盾《ちょうとん》其《そ》の君《きみ》を弑《しい》す」と。以《もつ》て朝《ちょう》に示《しめ》す。宣子《せんし》曰《いわ》く、「然《しか》らず」と。対《こた》えて曰《いわ》く、「子《し》 正卿《せいけい》為《た》り。亡《に》げて竟《きょう》を越《こ》えず、反《かえ》りて賊《ぞく》を討《う》たず。子《し》に非《あら》ずして誰《たれ》ぞ」と。宣子《せんし》曰《いわ》く、「烏呼《ああ》、『我之懐《われこれおも》い、自《みずか》ら伊《こ》の慼《うれい》を貽《のこ》す』と。其《そ》れ我《われ》の謂《い》いなり」と。孔子《こうし》曰《いわ》く、「董狐《とうこ》は、古《いにしえ》の良史《りょうし》なり。法《ほう》を書《しょ》して隠《かく》さず。趙宣子《ちょうせんし》は、古《いにしえ》の良大夫《りょうたいふ》なり。法《ほう》の為《ため》に悪《あく》を受《う》く。惜《お》しいかな、竟《きょう》を越《こ》えば乃《すなわ》ち免《まぬか》れんを」と。宣子《せんし》 趙穿《ちょうせん》をして公子《こうし》黒臀《こくとん》を周《しゅう》より逆《むか》え使《し》めて之《これ》を立《た》つ。壬申《じんしん》、武《ぶ》宮《きゅう》に朝《ちょう》す。

◆伝晉霊公不レ君。厚斂以彫レ牆、従二台上一弾レ人、而観二其辟レ丸也。宰夫胹二熊蹯一不レ熟。殺レ之、寘二諸畚一、使二婦人載以過レ朝。趙盾・士季見二其手一、問二其故一、而患レ之。将レ諫。士季曰、「諫而不レ入、則莫二之継一也。会請先。不レ入則子継レ之」。三進及レ溜、而後視レ之曰、「吾知レ所レ過矣。将レ改レ之」。稽首而対曰、「人誰無レ過。過而能改。善莫レ大レ焉。詩曰、『靡レ不レ有レ初。鮮二克有一レ終。』夫如レ是、則能補レ過者鮮矣。君能有レ終、則社稷之固也。豈唯群臣頼レ之。又曰、『袞職有レ闕、惟仲山甫補レ之。』能補レ過也。君能補レ過、袞不レ廃矣」。猶不レ改。宣子驟諫。公患レ之。使ニ鉏麑賊一レ之。晨往。寝門闢矣。盛服将レ朝。尚早。坐而仮寐。麑退、歎而言曰、「不レ忘ニ恭敬一、民之主也。賊ニ民之主一、不忠。棄ニ君之命一、不レ信。有レ一ニ於此一、不レ如レ死也」。触レ槐而死。秋、九月、晋侯飲ニ趙盾酒一、伏レ甲将レ攻レ之。其右提弥明知レ之。趨登曰、「臣侍ニ君宴一、過ニ三爵一、非レ礼也」。遂扶以下。公嗾ニ夫獒一焉。明搏而殺レ之。盾曰、「棄レ人用レ犬、雖レ猛何為」。闘且出。提弥明死レ之。初、宣子田ニ於首山一、舎ニ于翳桑一。見ニ霊輒餓一、問ニ其病一。曰、「不レ食三日矣」。食レ之。舎ニ其半一。問レ之。曰、「宦三年矣。未レ知ニ母之存否一。今近焉。請以遺レ之」。使レ尽レ之、而為レ之箪ニ食与一レ肉、寘ニ諸橐一以与レ之。既而与レ為ニ公介一。倒レ戟以禦ニ公徒一而免レ之。問ニ何故一。対曰、「翳桑之餓人也」。問ニ其名居一。不レ告而退、遂自亡也。乙丑、趙穿攻ニ霊公於桃園一。宣子未レ出レ山而復。大史書曰、「趙盾弑ニ其君一」。以示ニ於朝一。宣子曰、「不レ然」。対曰、「子為ニ正卿一。亡不レ越レ竟、反不レ討レ賊。非レ子而誰」。宣子曰、「烏呼、『我之懐矣、自詒ニ伊慼一』。其我之謂矣」。孔子曰、「董狐、古之良史也。書レ法不レ隠。趙宣子、古之良大夫也。為レ法受レ悪。惜也、越レ竟乃免」。宣子使三趙穿逆ニ公子黒臀于周一而立レ之。壬申、朝ニ于武宮一。

晋の霊公は国君としてふさわしくないお方であった。重税を取り立てて宮殿の塀にまで彫刻を施したり、また、宮殿内の高台からはじき弓で人をめがけて狙いうちし、人が必死になってたまを避けようとして逃げまどうのを見てたのしんだりしていた。あるとき料理人の宰夫（官名）が熊の掌を煮て御膳に出したが、よく火が通っていなかった。これを怒って宰夫を殺して、死体をもっこの中に入れ、婦人（女官の官職名）に命じてこのもっこをかつがせて朝廷内を通らせて宮廷外に運び出させるほどだった。大夫の趙盾と士季がもっこから死者の手が出ているのをみつけて、その子細をたずね、そのいきさつを知ってこまったことだと心を痛め、主君を諫めようということになった。士季は、「趙盾どのが諫めて聴きいれられなければ、そのあとをついで諫めるものがいません。わたしがまずやってみよう。聴きいれられなければ、趙盾どのがあとをつづけてほしい」と言った。士季は、一度、二度と霊公の前にひれ伏して諫めようとしたが霊公は無視しつづけ三度目にひれ伏して軒下の雨だれ落ちのところまで進み出て、はじめて霊公はあきらめたように視線を合わせ、「間違ったことをしているのは分かっている。今後は改めるつもりだ」と言った。士季は頭を地面にすりつけてこたえて、

「人は誰しも過ちを犯します。間違いを犯しても改めることができれば、こんなに立派なことはありません。『詩』（大雅・蕩篇）にも、『初めのないものはないが、終わりをよくするものは少ない』とありますが、それこそこのようにいわれているのは、過ちを補い改めることができるものが少ないからなのです。殿が過ちを改めて終わりを立派にすることができますならば、わが国家は安泰堅固です。ただわれわれ臣下たちがそのお蔭をこうむるだけではありません。下々の民にまで及びます。また『詩』（大雅・烝民篇）に、『龍の模様を描いた服を身にまとった天子に落ち度があれば、ほかでもなくかの周の宣王の名補佐役の仲山甫がこれを補い改める』とありますのは、過ちを補い改めることができる旨をいっております。殿が間違いを立派に改め下されば、殿の地位はいつまでもご安泰です」と言った。しかし、霊公はこれまで通り乱行を続け行いを改めなかった。そこで宣子（趙盾）は幾度となく諫めた。霊公はわずらわしく思って、力士の鉏麑《しょげい》に命じて趙盾を殺害させようとした。命令を受けた鉏麑が朝早く出かけ趙盾の屋敷内に忍び込んだところ表座敷の表戸は開いたままになっていた。鉏麑が中をのぞくと趙盾はきちんと衣冠を身につけて朝廷に出仕する準備をしていた。出仕の時間にはまだ早かったので、座ったままで仮眠していた。之を見て驚いた鉏麑はその場から立ち去り、嘆息して、「いついかなる時もうやうやしく慎み深さを忘れないのは、民の仰ぎ従うべき導き手としての主である。民の主を殺害するのは、不忠。かといって、一旦受けた主君の命令を無視するのは信義にもとること。この不忠・不信のいずれかに陥るのならば、死ん

袞衣（和漢三才図会）

槐

だ方がましだ」と言った。そのまま趙盾の屋敷内の槐の樹に頭をうちつけて死んだ。

秋、九月、晋侯（霊公）は趙盾を招いて酒宴を催した。それにかこつけて兵士をしのばせて趙盾を襲い殺そうと算段したのだった。趙盾の車右役（兵車の右手に乗る兵士）の提弥明《ていびめい》がただならぬ事情を呑み込んで、堂の上に小走りで急いでかけのぼり、「臣下たるもの、主君の宴席に列して、三杯以上の酒を頂戴するのは礼儀にはずれます」と言って、そのまま趙盾の手をとって堂下におりた。すると今度は霊公は猛犬をけしかけて趙盾を襲わそうとした。提弥明は素手で猛犬を叩き殺した。趙盾はこの一

霊公（夷皐）は趙盾を殺そうとして猛犬をけしかけた。
（漢代に刻された武氏祠画像石より）

連のことを評して「人材を養おうともせずに犬を使うとは、いくら獰猛でも何になろうぞ」と言った。趙盾は霊公の伏兵たちと剣を抜いて戦いながら脱出した。提弥明の方はこの騒動のなかで討ち死にした。

話は以前のことにもどるが、趙宣子（趙盾）が山西省永済県にある首山に狩りをしたとき、翳桑という所で休息をとったことがあった。おりしも霊輒という男が餓えて弱っているのに出会わせ、どこか具合でも悪いのかと尋ねた。霊輒は「三日も食べておりません」と答えたので、食べ物を与えたところ、半分を食べずにのこした。その理由を尋ねると、「仕官先をさがし求めること三年になりますが、母の安否もわからないありさまです。いまやっと家の近くまでやってきました。みやげにもって帰ってやりたいのです」と答えた。趙盾はその孝心に感じて残らず食べさせ、母親の分として食べ物と肉とを竹製の入れ物につめ、それを小さなふくろに入れて与えた。その後、この霊輒が霊公の護衛兵となって伏兵のなかに加わっていた。趙盾の危難をみて、霊輒は戟《ほこ》を伏兵の方に向けなおして霊公の伏兵を防ぎながら、趙盾を外へ逃がした。趙盾が「なぜ助けてくれるのだ」

と尋ねると、「翳桑で餓えていたとき食べ物を頂戴した者です」と答えた。逃れる際に趙盾が名前と住まいを尋ねたが、何も告げずにその場を立ち去り、そのまま晋の国から姿を消した。乙丑（九月二十七日）、趙盾のいとこの子にあたる趙穿が霊公を桃園という園に攻め殺した。趙宣子（趙盾）は晋の国境の山を越えきらないうちに霊公が弑されたとの報を聞いて国元に引き返してきた。そのため大史（公室の記録係の長）が、「趙盾がその君を弑した」と書き付けて、朝廷に掲示した。趙宣子が「でたらめだ」と抗議して言うと、大史は「あなたは首席の卿でいらっしゃる。いったんは亡命を企てながら国境を越えることなく、都に帰ってからは弑君の賊を討ち取ろうとはされない。あなたが責任をとるのでなくて誰だとおっしゃるのか」と答えた。趙宣子は「ああ、昔の『詩』に『未練をのこしたばかりに、自らかかる汚名をこうむる』とあるが、正にこの自分のことをいうのだ」と不条理を嘆いて言った。孔子はこの件を評して「董狐は、むかしの立派な史官である。あるべき原則を曲げずに書いて正すべきことを隠さなかった。趙宣子は、むかしの立派な大夫である。原則を守るために汚名を甘受した。惜しむらくは、国境を越えてしまってさえおれば汚名をこうむらずにすんだろうに」と言った。趙宣子は趙穿を使者に立て公子黒臀（成公で晋の文公の子）を周から迎えさせて君に立てた。壬申（十月五日）、公子黒臀は武公の廟に参拝し君となったことを報告した。

❖ ❖ ❖ ❖

叙述の構成と「初」について　もう少しのところで命を落としかねなかった趙盾が霊公の伏兵に加わっていた兵士の一人に助けられるという経緯と、直接手を下したわけでもないのに、君を弑するという「弑君」の罪名を背負うことになったことがこの段の主要なテーマです。

叙述の形式としては、「初め」という字で場面転換がなされて、趙盾が辛うじて難を逃れることができた因果関係の説明がされます。堅苦しく言えば、この「初め」という文字の働きは、趙盾の運命がどのようになるのかという、進行中の状況と場面の緊張を和らげています。このように回想場面を起こすに当たって、「初」の字を用いる叙述の技法は『左伝』の文章表現における特徴の一つです。

趙盾の汚名　直接手を下したわけでもなく、命までも狙われていた趙盾が晋の公式の記録に「弑君」の罪名を書きとどめられたことに多くの方は不合理を覚えられるのではないかと思います。国君、あるいは晋の公室と趙盾との関係をどう考えるかということになります。鉏麑も霊輒も国君の命令に結果として背いた時点で自死と亡命という形をとって公的な君臣関係を清算しています。君臣関係や国との公的な契約関係が破棄されていない限り、公人としての立場は生き続けます。趙盾も一度は公的関係を清算しようとして亡命を試みましたが、亡命しないまま霊公が殺された時点で帰国して、放棄しようとした地位と職務に復帰しています。職務に復帰した以上は、直接君を弑した賊を誅殺する責務を負うことになります。その間の趙盾の行為の不徹底さが大史によって厳しく断罪されて、筆誅が加えられ「弑君」の罪名を末代まで負うことになってしまったのです。

◆関羽と『春秋左氏伝』②

本書の十一章にも取り上げていますように、『左氏伝』には、戦場の記述が数多くあります。戦場の場面を記述した文章表現が異彩を放っていることは等しく認められていることです。関羽が『左氏伝』を諳んずるほど読んでいたのだとすれば、彼の武人としての出色の活躍は『左氏伝』に学ぶところが多かったのではないかと推測できます。武人の立場から『左氏伝』を愛読していたのか、『左氏伝』の愛読を通して武人としての活躍に色を添えたのかは分かりませんが。

『春秋左氏伝』の代表的注釈書である『春秋経伝集解《けいでんしつかい》』を著した晋の杜預《どよ》（二二二―二八四年）も武将として聞こえた人です。その注釈の中でも、地名の考証は高く評価されています。恐らく武将として各地を転戦した体験が生かされているのだろうと思います。

関羽は、杜預が生まれる前に没していますから、杜預の注釈書を読んでいるはずがないことは言うまでもありません。関羽が読んだ『春秋左氏伝』は、杜預が編纂する前の経文と伝文とが別々になったテキストだったはずです。というのは、経文と伝文が別々に行われていたテキストに経文と伝文とを合わせて注釈をつけたのが杜預だからです。一説によりますと、関羽の家系は三代にわたって『左氏伝』の学を伝承していたとも言われます。

杜預の注釈が世に出て高い評価を得るまでには、数多くの学者が注釈を書いていますが、その中でも後漢時代の学者である賈逵《かき》とか服虔《ふくけん》の注釈がよく用いられていたようなので、関羽もそれらの注釈によって読んでいたのではないかと推測できます。一説のように、家学として継承されていた『左氏伝』の学問によっていたのかもしれません。

それにしても、この関羽が、関帝廟まで建立されて、偶像崇拝のように信仰の対象となっている理由がどこにあるのか明確には分かりません。

満州族が樹立した清王朝は、各県に孔子を祭る文廟（孔子廟）を建て、関羽を祭る武廟（関帝廟）を建てさせています。異民族の王朝が漢民族の誇る偉大なる文武の二人の巨星を漢民族とともに尊崇することによって、政治的にも精神的にも治めやすくしたのだと考えると分かりやすいかもしれません。

毛沢東治世下では、伝統中国の負の文化遺産の象徴的存在として孔子廟は破壊されました。一方、自力での原爆製造を目指した毛沢東政権は、海外に流出していた多くの優れた人材を国内に呼び戻して原爆開発に従事させたと言われています。

武力のもつ威力と意味を十分理解していた毛沢東の冷徹な世界理解に呼応するように関帝廟は破壊を免れています。毛沢東は生前正史や『資治通鑑《しじつがん》』を座右の書としていたと伝えられています。

一寸先は闇だと言われるように、政治の世界も非合理的な営為によって成り立っている場合が多くあります。時に是非善悪を越えた信仰に支えられて成り立っている宗教が神秘的超越的非合理的側面をもっていることは否定できません。もともと「政」と「祭」とは、同じく「まつりごと」と称されるように起源を同じくしていました。その意味では、少し堅苦しく言えば、関羽は、世俗の聖教化を担わされたのでしょうし、一方、宗教の側は世俗化の担い手に民族的英雄の関羽を選んだのだと言えるかもしれません。

九　陳の夏姫（宣公九・十・十一年）

陳《ちん》其《そ》の大夫《たいふ》泄冶《せつや》を殺《ころ》す。

◆経（宣公九年）陳殺㆓其大夫泄冶㆒。

宣公九年（陳の霊公十四年）、陳はその国の大夫、泄冶《せつや》を殺した。

陳《ちん》の霊公《れいこう》孔寧《こうねい》・儀《ぎ》行父《こうほ》と夏姫《かき》に通《つう》ず。皆《みな》其《そ》の衵服《じつぷく》を衷《うち》にして以《もつ》て朝《ちよう》に戯《たわむ》る。泄冶《せつや》諫《いさ》めて曰《いわ》く、「公卿《こうけい》淫《いん》を宣《しめ》さば、民《たみ》効《なら》う無《な》し。且《か》つ聞令《ぶんよ》からず。君《きみ》其《そ》れ之《これ》を納《い》れよ」と。公《こう》曰《いわ》く、「吾《われ》能《よ》く改《あらた》めん」と。公《こう》二子《にし》に告《つ》ぐ。二子《にし》之《これ》を殺《ころ》さんと請《こ》う。公禁《こうきん》ぜず。遂《つい》に泄冶《せつや》を殺《ころ》す。孔子《こうし》曰《いわ》く、「詩《し》に云《い》う、『民《たみ》の辟《よこしま》多《おお》き、自《みずか》ら辟《のり》を立《た》つること無《な》かれ』とは、其《そ》れ洩冶《せつや》の謂《い》いか」と。

◆[伝]陳霊公与二孔寧・儀行父一通二於夏姫一。皆衷二其衵服一以戯二于朝一。洩冶諫曰、「公卿宣レ淫、民無レ効焉。且聞不レ令。君其納レ之」。公曰、「吾能改矣」。公告二二子一。二子請レ殺レ之。公弗レ禁。遂殺二洩冶一。孔子曰、「詩云、『民之多レ辟、無二自立一レ辟』。其洩冶之謂乎」。

陳の霊公は執政役である卿の孔寧・儀行父とともに陳の大夫夏《か》御叔《ぎょしゅく》の妻の夏姫と密通し、三人とも夏姫の肌着を身につけて朝廷でふざけあうというありさまだった。みかねた大夫の洩冶が諫めて、「殿や卿たる者がおおっぴらにみだらな振る舞いを示されると、民にはお手本にするものがなくなります。しかも国外への評判もよくありません。君にはその肌着をお隠し下さい」と言った。霊公は、「ちゃんと改めよう」と言って、このことを孔寧と儀行父の二人にも伝えた。すると孔寧と儀行父の二人は洩冶を殺してしまおうと言い出した。霊公は止めなかったので、そのまま洩冶を殺してしまった。孔子はこのことを論評して、「詩（大雅・板篇）」に『民によこしまな振る舞いが多いからとて、自分だけ法を立ててはならぬ』とうたっているのは、洩冶のような人間のことを言うのであろうか」と言った。

五月《ごがつ》、公《こう》 斉自《せいよ》り至《いた》る。癸巳《きし》、陳《ちん》の夏徴舒其《かちょうじょそ》の君平国《きみへいこく》を弑《しい》す。

◆経（宣公十年）五月、公至レ自レ斉。癸巳、陳夏徴舒弑ニ其君平国一。

五月、魯の宣公が斉から帰国した。癸巳の日（九日）、陳の夏徴舒がその君の霊公平国を殺した。

陳《ちん》の霊公《れいこう》 孔寧《こうねい》・儀行父《ぎこうほ》と酒《さけ》を夏氏《かし》に飲《の》む。公《こう》 行父《こうほ》に謂《い》いて曰《いわ》く、「徴舒《ちょうじょ》女《なんじ》に似《に》たり」と。対《こた》えて曰《いわ》く、「亦君《またきみ》に似《に》たり」と。徴舒之《ちょうじょこれ》を病《や》む。公出《こうい》ず。

其《そ》の廄《うまや》自《よ》り射《い》て之《これ》を殺《ころ》す。二子《にし》 楚《そ》に奔《はし》る。

◆伝陳霊公与二孔寧・儀行父一飲二酒於夏氏一。公謂二行父一曰、「徴舒似レ女」。対曰、「亦似レ君」。徴舒病レ之。公出。自二其廄一射而殺レ之。二子奔レ楚。

陳の霊公は孔寧・儀行父と夏氏の家で酒宴を催した。霊公は儀行父にむかって、「徴舒は君に似ているぞ」と言った。行父はやりかえして「やはりわが君に似ていますよ」と言った。夏徴舒はこの話を耳にして気に病んだ。そこで霊公が帰ろうとして家を出たとき、廄から弓を射て殺してしまった。孔寧と儀行父の二人は自分たちもやられるのではないかと恐れて楚に出奔した。

冬《ふゆ》、十月《じゅうがつ》、楚人《そひと》 陳《ちん》の夏徴舒《かちょうじょ》を殺《ころ》す。丁亥《ていがい》、楚子《そし》 陳《ちん》に入《い》り、公孫寧《こうそんねい》・儀行《ぎこう》父《ほ》を陳《ちん》に納《い》る。

◆経（宣公十有一年）冬、十月、楚人殺二陳夏徴舒一。丁亥、楚子入レ陳、納二公孫寧・儀行父于陳一。

冬、十月、楚の人が陳の夏徴舒を殺した。丁亥の日（十二日）、楚子（楚は子爵の国）は陳に入り、公孫寧（孔寧）と儀行父をもどし入れた。

冬《ふゆ》、楚子《そし》陳《ちん》の夏氏《かし》の乱《らん》の為《ため》の故《ゆえ》に、陳《ちん》を伐《う》つ。陳人《ちんひと》に謂《い》えらく、「動《うご》く無《な》かれ、将《まさ》に少西氏《しょうせいし》を討《う》たんとす」と。遂《つい》に陳《ちん》に入《い》り、夏徴舒《かちょうじょ》を殺《ころ》し、諸《これ》を栗《りつ》門《もん》に轘《くるまざき》にす。因《よ》りて陳《ちん》を県《けん》とす。陳侯《ちんこう》晋《しん》に在《あ》り。申叔時斉《しんしゅくじせい》に使《つかい》して、反《かえ》り、復命《ふくめい》して退《しりぞ》く。王之《おうこれ》を譲《せ》め使《し》めて曰《いわ》く、「夏徴舒《かちょうじょ》不道《ふどう》を為《な》し、其《そ》の君《きみ》を弑《しい》せり。寡人諸侯《かじんしょこう》を以《い》て討《う》ちて之《これ》を戮《りく》するや、諸侯《しょこう》・県公皆寡人《けんこうみなかじん》を慶《けい》せり。女独《なんじひと》り寡人《かじん》を慶《けい》せざるは、何《なん》の故《ゆえ》ぞ」と。対《こた》えて曰《いわ》く、「猶《な》お辞《じ》す可《べ》きか」と。王曰《おういわ》く、「可《か》なる哉《かな》」と。曰《いわ》く、「夏徴舒其《かちょうじょそ》の君《きみ》を弑《しい》す。其《そ》の罪大《つみだい》なり。

討《う》ちて之《これ》を戮《りく》するは、君《きみ》の義《ぎ》なり。抑《そもそも》人《ひと》亦《また》言《い》える有《あ》り、曰《いわ》く、『牛《うし》を牽《ひ》きて以《もっ》て人《ひと》の田《でん》を蹊《わた》り、而《しこう》して之《これ》が牛《うし》を奪《うば》う』と。牛《うし》を牽《ひ》きて以《もっ》て蹊《わた》る者《もの》は、信《まこと》に罪有《つみあ》り。而《しか》るを之《これ》が牛《うし》を奪《うば》うは、罰已《ばつはなは》だ重《おも》し。諸侯《しょこう》の従《したが》うや、『有罪《ゆうざい》を討《とう》ず』と曰《い》えばなり。今《いま》陳《ちん》を県《けん》にするは、其《そ》の富《とみ》を貪《むさぼ》るなり。討《とう》を以《もっ》て諸侯《しょこう》を召《め》し、而《しこう》して貪《たん》を以《もっ》て之《これ》を帰《かえ》すは、乃《すなわ》ち不可《ふか》なること無《な》からんか」と。王《おう》曰《いわ》く、「善《ぜん》なる哉《かな》。吾未《われいま》だ之《これ》を聞《き》かざるなり。之《これ》を反《かえ》さば可《か》ならんか」と。対《こた》えて曰《いわ》く、「吾《わ》が儕《ともがら》小人《しょうじん》の、所謂諸《いわゆるこれ》を其《そ》の懐《ふところ》に取《と》りて之《これ》に与《あた》うるなり」と。乃《すなわ》ち復《ま》た陳《ちん》を封《ほう》じ、郷《きょう》ごとに一人《いちにん》を取《と》りて以《もっ》て帰《かえ》り、之《これ》を夏州《かしゅう》と謂《い》う。故《ゆえ》に書《しょ》して「楚子《そし》 陳《ちん》に入《い》り、公孫寧《こうそんねい》・儀行父《ぎこうほ》を陳《ちん》に納《い》る」と曰《い》うは、礼有《れいあ》るを書《しょ》するなり。

◆伝冬、楚子為㆓陳夏氏乱㆒故、伐㆑陳。謂㆓陳人㆒、「無㆑動、将㆑討㆓於少西氏㆒」。遂入㆑陳、殺㆓夏徴舒㆒、轘㆓諸栗門㆒。因県㆑陳。陳侯在㆑晋。申叔時使㆓於斉㆒、反、復命而退。王使㆑譲㆑

之曰、「夏徴舒為二不道一、弑二其君一。寡人以二諸侯一討而戮レ之、諸侯・県公皆慶二寡人一。女独不レ慶二寡人一、何故」。対曰、「猶可レ辞乎」。王曰、「可哉」。曰、「夏徴舒弑二其君一。其罪大矣。討而戮レ之、君之義也。抑人亦有レ言、曰、『牽レ牛以蹊二人之田一、而奪二之牛一』。牽レ牛以蹊者、信有レ罪矣。而奪二之牛一、罰已重矣。諸侯之従也、曰レ討二有罪一也。今県レ陳、貪二其富一也。以レ討召二諸侯一、而以レ貪帰レ之、無二乃不可一乎」。王曰、「善哉。吾未二之聞一也。反レ之可乎」。対曰、「吾儕小人、所謂取二諸其懐一而与レ之也」。乃復封レ陳、郷取二一人一焉以帰、謂二之夏州一。故書曰三楚子入レ陳、納二公孫寧・儀行父于陳一、書レ有レ礼也。

冬、楚子（楚の荘王）は前年の陳の夏氏の乱のために陳を伐った。楚の荘王は陳の人にむかって、「わが軍をふせぐような軽挙妄動はするな、少西氏を祖先とする夏徴舒を討とうとしているだけだ」と言った。そのまま陳に侵入し、夏徴舒を殺し、死体を陳の都城の栗門のところで車裂きにした。ついでに陳を滅ぼして楚の属県にした。このとき陳侯（成公）は晋に出向いていて不在だった。またこのとき楚の大夫の申叔時は斉に使いに出ていて、帰国して復命するとそのまま退出した。荘王は人をやって申叔時を責めて、「夏徴舒は道にはずれたことをして、その君を殺したので、わたしは諸侯を率いて討伐してこれを殺してけじめをつけたのだが、諸侯も県公（県の長官）もみなわたしに祝辞を言ってくれた。お前だけがわたしに祝辞を言ってくれないのはどうしてなのだ」と言った。申叔時は答えて、「説明させていただいてもよろしいでしょうか」と言った。王は「よろしいぞ」と言った。申叔時は、「夏徴舒がその君を殺したのは、大罪です。王がこれを討って殺したのは、君として当然の行いです。とは申すものの、世人の言にも『牛を引いて他人の田を通ったところ、田の主が牛を奪い取った』とあります。牛を引いて人の田を勝手に通ったものには、なるほど罪があります。しかしその牛を奪い取るというのは、罰が重すぎます。諸侯が楚に従ったのは、『有罪の者を討伐する』と王が申されたからです。ところがいま、陳を滅ぼして属県にしたのは、その富をむさぼるということになります。有罪者の討伐をとなえて諸侯を呼び寄せ協力させておいて、他国の富をむさぼるという結果をのこして諸侯を帰すのは、かえってよろしくないことではないでしょうか」と言った。荘王は「結構な意見だ。そうした意見は誰からも聞かなかった。それでは陳に返還したらよいであろうか」と言った。申叔時は答えて、「我々しもじもには『人の懐から奪っておいてこれを返す』という言葉があります」と言った。そこで陳の国をもと通りにして、陳の郷ごとに一人ずつ選びとって楚に連れて帰り、かれらを一か所に集めてこれを夏州と名づけた。それで経文に「楚子が陳に入り、公孫寧と儀行父をもどし入れた」と書いてあるのは、楚の一連の行動が礼にかなっていたことを書いたのである。

❖　❖　❖　❖

出処進退と書法　『春秋』の書き方の体例から、殺された大夫の姓名、この場合ですと、洩冶と書かれるのは、大夫の側に罪があることになります。さらにここでは「陳」と国名が掲げられて大夫を殺したとあるので、国君が殺したことを示す書き方なのです。ところが、伝を読む限り、洩冶には処断されるような罪状はありません。むしろ真面目な忠告をしていると言えましょう。このねじれについて、乱れきった朝廷で真っ正直に君を諫めたために無道の君に殺されてしまったので、『春秋』は評価するに値いしない行為だったという解釈がなされています。

孔子の出処進退に対する考え方は、政治状況が正常な時には、自己の理想を実現し才能を生かすために官に仕えるのですが、政道が極度に乱れていて自己の身に危険が及びかねないような時には、才能を巻いて懐に隠しておくというものです。「明哲保身」を出処進退の原則にしています。そうした考えを基本にしている孔子からみますと、陳の公室は乱れきっていて退廃的空気が瀰漫《びまん》しているなかで、洩治が、腐りきった国君や有力者にまともに進言したり、忠告したりしているのは、いかにも浅薄な行為に映ったのです。ですから、「詩」を引用した手厳しい批判が加えられてしまったのです。身を処することの難しさを示唆しているように思います。

徴舒之を病む　霊公が即位してから、この年で十五年になります。杜預は、この時、徴舒はすでに卿の地位にあって、相当な年齢に達しており、霊公の子であることは間違いない、と注釈しています。としますと、国君殺しの罪名だけでなく、父親殺しの罪名をも背負うことになり罪は甚だ重いことになります。夏徴舒の真の父親が誰であったのかは、それこそ神のみぞ知ることなのでしょうが、霊公と儀行父のやりとりを聞いた夏徴舒が、心を深く傷つけられたことは間違いありません。恐らく、夏徴舒自身、母親の不品行は知っていたでしょうから、なにがしかの疑念は抱いていたでしょうが、自分が誰の子かわからない、という言葉を耳にした時の衝撃は尋常ではなかったはずです。暗い出生の秘密を知った夏徴舒の屈辱と怒りと動揺とがないまぜになった心理状態を「之を病む」と表しているのです。その屈辱と怒りとが昂揚して霊公を殺すことになったのでしょう。『史記』陳杞世家は、「徴舒怒る」と表現していますが、『左伝』の表現の方がより屈折した感情を読み取ることができるのではないでしょうか。

十　病　膏肓に入る（成公十年、紀元前五八一年）

五月《ごがつ》、公《こう》　晋侯《しんこう》・斉侯《せいこう》・宋公《そうこう》・衛侯《えいこう》・曹伯《そうはく》に会《かい》して鄭《てい》を伐《う》つ。
斉人《せいひと》　来《き》たり媵《よう》す。
丙午《へいご》、晋侯獳卒《しんこうどうしゅつ》す。

◆[終]五月、公会㆓晋侯・斉侯・宋公・衛侯・曹伯㆒伐㆑鄭。
斉人来媵。
丙午、晋侯獳卒。

成公十年五月、魯の成公は晋侯・斉侯・宋公・衛侯・曹伯と会合して、鄭を伐った。斉人が媵（付き添い）として魯にやって来た。丙午の日、晋侯の獳が卒した。

夏《なつ》、四月《しがつ》、鄭人《ていひと》　繻《じゅ》を殺《ころ》し、髡頑《こんがん》を立《た》つ。子如《しじょ》　許《きょ》に奔《はし》る。欒武子《らんぶし》曰《いわ》く、「鄭人《ていひと》　君《きみ》を立《た》つ。我《われ》　一人《いちにん》を執《と》うるも、何《なん》の益《えき》かあらん。鄭《てい》を伐《う》ちて其《そ》の君《きみ》を帰《かえ》し以《もっ》て成《たいら》ぎを求《もと》むるに如《し》かず」と。晋侯疾《しんこうやまい》有《あ》り。五月《ごがつ》、晋《しん》　大子《たいし》　州《しゅう》蒲《ほ》を立《た》てて以《もっ》て君《きみ》と為《な》して、諸侯《しょこう》を会《かい》して鄭《てい》を伐《う》つ。鄭《てい》の子罕《しかん》賂《まいな》うに襄鍾《じょうしょう》を以《もっ》てす。子然《しぜん》　脩沢《しゅうたく》に盟《ちか》う。子駟《しし》　質《ち》と為《な》る。辛巳《しんし》、鄭伯帰《ていはくかえ》る。

晋侯夢《しんこうゆめ》みらく、大厲髪《たいれいかみ》を被《こうむ》りて地《ち》に及《およ》び、膺《むね》を搏《う》ちて踊《おど》りて曰《いわ》く、『余《よ》が孫《まご》を殺《ころ》すは不義《ふぎ》なり。余《よ》　帝《てい》に請《こ》うことを得《え》たり』と。大門及《たいもんおよ》び寝門《しんもん》を壊《やぶ》りて入《い》る。公懼《こうおそ》れて室《しつ》に入《い》る。又戸《またこ》を壊《やぶ》る、と。公覚《こうさ》む。桑田《そうでん》の巫《ふ》を召《め》す。巫《ふ》の言夢《げんゆめ》の如《ごと》し。公曰《こういわ》く、「何如《いかん》」と。曰《いわ》く、「新《しん》を食《くら》わじ」と。公疾《こうやまい》　病《へい》なり。医《い》を秦《しん》に求《もと》む。秦伯《しんぱく》　医緩《いかん》をして之《これ》を為《おさ》め使《し》む。未《いま》だ至《いた》らず。公夢《こうゆめ》みらく、疾《やまい》　二豎子《にじゅし》と為《な》り、曰《いわ》く、『彼《かれ》は良医《りょうい》なり。懼《おそ》らくは我《われ》を傷《やぶ》らん。焉《いず》くにか之《これ》を逃《のが》れん』と。其《そ》の一曰《いちいわ》く、『肓《こう》の上膏《うえこう》の下《した》に居《お》らば、我《われ》を若何《いかん》せん』と。医至《いいた》る。曰《いわ》く、「疾為《やまいおさ》む可《べ》からざるなり。肓《こう》の上膏《うえこう》の下《した》に在《あ》り。之《これ》を攻《せ》むるも可《か》ならず。之《これ》に達《たっ》せんとするも及《およ》ばず。薬《くすり》も至《いた》らず。為《おさ》む可《べ》からざるなり」と。公曰《こういわ》く、「良医《りょうい》なり」と。厚《あつ》く之《これ》が礼《れい》を為《な》して之《これ》を帰《かえ》す。六月《ろくがつ》、丙《へい》午《ご》、晋侯《しんこう》　麦《むぎ》を欲《ほっ》す。甸人《でんじん》をして麦《むぎ》を献《けん》ぜ使《し》む。饋人之《きじんこれ》を為《おさ》む。桑田《そうでん》の巫《ふ》を召《め》し、示《しめ》して之《これ》を殺《ころ》し、将《まさ》に食《くら》わんとす。張《は》る。廁《かわや》に如《ゆ》く。陥《おちい》りて卒《しゅっ》す。小《しょう》臣晨《しんあした》に公《こう》を負《お》いて以《もっ》て天《てん》に登《のぼ》ると夢《ゆめ》みるもの有《あ》り。日中《にっちゅう》に及《およ》び、晋侯《しんこう》を負《お》いて諸《これ》を廁《かわや》より出《い》だす。遂《つい》に以《もっ》て殉《じゅん》とせ為《ら》る。

◆伝夏、四月、鄭人殺レ繻、立二髡頑一。子如奔レ許。欒武子曰、「鄭人立レ君。我執二一人一焉、何益。不レ如下伐レ鄭而帰二其君一以求上レ成焉」。晋侯有レ疾。五月、晋立二大子州蒲一以為レ君、而会二諸侯一伐レ鄭。鄭子罕賂以二襄鍾一。子然盟二于脩沢一。子駟為レ質。辛巳、鄭伯帰。

晋侯夢、大厲被レ髪及レ地、搏レ膺而踊曰、『殺二余孫一不義。余得レ請二於帝一矣』。壊二大門及寝門一而入。公懼入二于室一。又壊レ戸。公覚。召二桑田巫一。巫言如レ夢。公曰、「何如」。曰、「不レ食レ新矣」。公疾病。求二医于秦一。秦伯使二医緩為一レ之。未レ至。公夢、疾為二二豎子一、曰、『彼良医也。懼傷レ我。焉逃レ之』。其一曰、『居二肓之上膏之下一、若レ我何』。医至。曰、「疾不レ可レ為也。在二肓之上膏之下一。攻レ之不レ可。達レ之不レ及。薬不レ至焉。不レ可レ為也」。公曰、「良医也」。厚為二之礼一而帰レ之。六月、丙午、晋侯欲レ麦。使二甸人献一レ麦。饋人為レ之。召二桑田巫一、示而殺レ之、将レ食。張。如レ廁。陥而卒。小臣有三晨夢二負レ公以登二レ天。及二日中一、負二晋侯一出二諸廁一。遂以為レ殉。

夏、四月、鄭の人は公子繻を殺して髠頑《こんがん》を君に立てた。公子繻を擁立した子《し》如《じょ》公子班は、許の国に亡命した。このような鄭の事態をみて晋の欒武子は、「鄭の人が新たに君を立てたとあっては、こちらで一人（鄭の成公）を捕らえていても、何の役にも立たない。鄭を伐ってその君成公を帰国させて和平を結ぶように求めるのが最善の策だ」と言った。この時たまたま晋侯（景公）が病気にかかった。そこで五月に、晋では太子の州蒲を立てて君の代理として、諸侯を集めて鄭を伐った。鄭の子罕（公子喜）は鄭の穆公の子の襄公の廟の鐘《かね》を賄賂につかって和平を申し入れ、穆公の子の子然が脩沢の地で晋と盟い、穆公の子の子駟（公子騑）が人質となった。こうして辛巳の日（五月十二日）、晋に拉致されていた鄭伯（成公）が帰国した。

晋侯（景公）が夢を見た、「大きな幽霊が髪をざんばらに乱して地面までつくほどであり、胸を叩いて踊り跳ねて、『わたしの子孫（趙同・趙括）を殺したのは筋が通らぬ。わたしは天帝のお許しをもらってきたぞ』と言いながら、表門を打ち破りさらに表座敷の入り口も壊して中まで入ってくる。景公は怖くなって奥の部屋に逃げ込むと、さらに戸をこわす」というところで景公は目が覚めた。ためしに晋の邑の桑田というところの巫《みこ》を呼んで自分の運命をたずねてみると、巫の言うことも自分が見た夢と同じであった。景公が「どうなるのか」と問うと、「今年新しく穫《と》れる麦は食べられません」と予言した。景公の病気がひどくなった。秦に医者を寄越してくれるようにたのむと、秦伯（桓公）は医官の緩《かん》を派遣して治療させることになった。緩がまだ到着しないうちに、景公はまた夢を見た、「病の気が二人の子供になって、『今度の医者は名医だ。我々をやっつけるだろう。どこに逃げようか』と一人が言うと、もう一人が『肓（横隔膜の上）の上膏（心臓の下）の下におれば、我々をどうすることもできないよ』と言った」と。医者が到着して診断して言うには、「ご病気は治すことができません。病の気が肓の上膏の下におりますから、灸《きゅう》をすえてもききませんし、鍼《はり》をいれてもとどきません。薬もきかない所です。手の施しようがありません」とのことであった。景公は、「立派な医者だ」と言って、手厚く礼遇して帰した。六月、丙午の日（七日）、晋侯は新しく取れた麦を食べたいと言った。そこで耕作を司る役人の甸人に麦を献上させ、料理番が調理して食膳に供した。景公は桑田の巫を呼びつけて、食膳の麦を見せつけて殺した。ところがいざ食べようとすると、お腹が張ってきた。便所に行ったところ、中に落ちて亡くなってしまった。景公に仕えていた小役人で、早朝景公を背負って天に昇ったという夢をみたという者がいた。その男が日中になって、晋侯のなきがらを背負って便所からかつぎだすことになった。そんなことがあってその男は殉死させられた。

❖　❖　❖　❖

夢の話　この一章は、「病　膏盲に入る」と間違われるようになった「病　膏肓に入る」の典拠です。「膏」も「肓」も、からだの部位を示す字ですから、にくづきに従う漢字です。「盲」は会意形声の字で、視力を無《な》くしたことを表します。このようによく似ているために誤用されることを「魚魯の誤り」と言います。

　晋侯の景公を夢の中で脅迫した大厲つまり悪鬼は、この二年前成公八（前五七九）年に殺された趙同・趙括の一族の先祖です。謀反を企てているとの趙荘姫《ちょうそうき》という女性の讒《ざん》言《げん》を信じた景公に殺された趙同・趙括の二人が恨みを抱いて景公を殺すのではなく、その先祖が自分の子孫を殺したことを恨んで景公に祟《たた》っています。幽冥の世界で先祖にその無実を訴え、無念をはらそうとした二人の恨みの深さが推し量られ、いかにも夢の話にふさわしいと思います。と同時に、幽冥の世界でも地上的血縁共同体の意識が持ち込まれています。幽冥の世界が夢と現実とによって抽象化されて成り立っていると考えられていたからではないかと思います。

　この趙同と趙括の父である趙衰《ちょうし》は、春秋五覇の一人に数えられる晋の文公が太子時代に亡命して諸国を歴訪したさい、最後まで付き従った功臣です。

　景公が巫を呼んだのは、不吉な夢を見たので、どんな夢を見たかは隠して、不安と恐れにおののいた景公が自分の身の上を占わせたかったからでしょう。霊能を身につけた巫は悪鬼を祓《はら》ったりできると信じられていた宗教的職能者です。古代にあっては、呪術と医術は未分化な状態だったのです。

周王朝の理想的官制組織を伝えた文献とされる『周礼《しゅらい》』の官職の一つに占夢（夢占い）の官があり、日月や星座の位置と時間とを参考にして六夢を占うことを職掌としています。

六夢とは、感動するところ無くして、平安にして自らみる夢——正夢、驚愕《きょうがく》してみる夢——噩夢《がくむ》、いつも心に思念しているところをみる夢——思夢《しむ》、昼間見聞したところをきっかけにしてみる夢——寤夢《ごむ》、喜悦するところがあってみる夢——喜夢、恐懼《きょうく》してみる夢——懼夢《くむ》、六種の夢です。景公がみた夢は、恐らく思夢か懼夢にあたるのでしょうが、無実の者を殺したことが景公の心を痛く苦しめていてこのような夢見になったのだと思われます。

このように自分が殺した当事者が夢に現れ、その夢のことを巫に問うと巫も同じ夢をみたと答える話は、襄公十八年にも伝えられています。次のような次第です。

秋、斉侯が魯の北辺の地を伐ったので、晋の中行献子（荀偃《じゅんえん》）が斉を伐とうとした。

これより前、献子はこんな夢をみていた。「自分を殺した厲公と争訟のことがあって、自分が負けたので、罰だと言って厲公が戈で自分を撃って、自分の首が前に落ちた。落とされた首を拾い上げ、胴体の上にのせ両手で押さえながら走り出したところ、皐《こう》という巫に出くわした」。後日、その巫と道中で出くわしたので夢の話をしたところ、巫の皐も同じ夢をみたと言い、そして「今年中にあなたは死ぬでしょう。もし東方の地で事が生じたら思い通りのことができましょう」と答えた。

桑田の巫も巫皐も単に夢占いをしただけでなく、当人と同じ内容の夢を前もってみていたというところに二人の際だった霊能が具《そな》わっていて、予言が的中するのも当たり前のことのように思わせています。

横死した者の霊魂が生者に祟り、災難をもたらすのは、生者の夢をかりて現れる場合が多くあります。幽冥界と現実世界とをつなぐ橋渡しをするのが夢の役割の一つでもあるかのようです。この夢の世界を通して立ち現れる幽冥界からの生者への願わしくない応報を断ち切るために、生者は死者の魂を鎮めることが求められます。死と夢と鎮魂とは次のような伝承をのこしています。昭公七年の伝は大略次のように事を記します。

鄭の人々は、反乱の疑いで街中で殺された伯有という人物を持ち出してお互い脅かしあっていた。「伯有の幽霊がやって来たぞ」と誰かが言うと、誰もが逃げ回って隠れてしまい、伯有の幽霊がどんな姿をしていて、何を言ったのか、どこへ行ったのかも分からなかった。前年の昭公六年二月に、伯有がよろいをまとって往来し、「壬子の日に、おれを殺した駟帯《したい》を殺してやる。明年の壬寅の日に、今度は公孫段を殺してやる」という夢をみた人がいた。壬子の日になると、駟帯が亡くなった。国の人々はますます伯有のことを怖がり恐れた。昭公七年の壬寅の日に、公孫段が亡くなった。国の人々はいやがうえにも懼れ怖がった。そこで鄭の宰相の子産は伯有の子らを大夫に取り立てて、宗廟を造って祖先の祭りをさせて死者の霊を慰撫したので、やっと人心の不安もおさまった。子産は、「死者の霊魂は落ち着き先さえあれば、祟ったりしないものだよ。わたしは落ち着き先の宗廟を造ってやったのだよ」と人心の不安が治まった理由を説明した。

これらの文章は、理性的な世界、覚醒した人々にとっては、信じられないような幽鬼の世界のことを夢に託して描写していますが、怪奇幻想の世界の描出は、『左伝』の優れた表現の一つであると言われる所以《ゆえん》です。理性と自覚的意識を重視した孔子は、怪・力・乱・神を語ることを避けていますが、この幽鬼夢幻の世界は、人間のもう一つの世界、奥深く捉えどころのない人心を照射しているのだとも言えるのではないでしょうか。

テレビ等を通じて知るだけで、的外れかも知れませんが、最近の映像を駆使して展開されているゲームの世界もまた『左伝』の夢の世界と通じるものがあるように思われます。

鄢陵の役　あらすじ

北方の大国晋と南方の大国楚が争った邲《ひつ》の戦い（魯の宣公十二年、紀元前五九七年）で大敗を喫した晋は、魯の成公二年（前五八九年）、魯・衛の軍とともに斉を斉の鞍という地で伐ちました。斉が魯を伐ち、衛を破ったことへの報復です。離反していた衛を同盟国にとどめ、晋の景公は中原での主導権を何とか維持していました。そうしたなかで、鄭の服属をめぐって、晋と楚の抗争は依然として続きます。晋と楚が戦うに至るまでの晋・楚・鄭の関係を中心にした当時の国際関係を略記すると、次のようになります。

◇成公四年（前五八七年）、鄭伯が許の国を伐った。晋が鄭を伐って許を救い、楚が鄭を救った。

◇成公五年（前五八六年）、八月、鄭伯が晋の大夫趙同と晋の地で盟った。十二月、晋・魯・斉・宋・衛・鄭・曹《そう》・邾《ちゅ》・杞の諸侯が同盟した。

◇成公六年（前五八五年）、秋、楚が鄭を伐ち、冬、晋が鄭を救った。

◇成公七年（前五八四年）、秋、楚が鄭を伐ち、晋・魯・斉・宋・衛・莒《きょ》・邾・杞の諸侯が鄭を救った。八月、諸侯が馬陵《ばりょう》の地で同盟した。

◇成公八年（前五八三年）、晋が蔡《さい》・楚を侵した。
◇成公九年（前五八二年）、春、晋・魯・斉・宋・衛・鄭・曹・莒・杞の諸侯が衛の蒲《ほ》の地で同盟した。秋、晋が鄭伯を執《とら》え、鄭を伐った。
◇成公十年（前五八一年）、五月、晋・魯・斉・宋・衛・曹の諸侯が鄭を伐った。
◇成公十二年（前五七九年）、五月、晋・楚の大夫が宋で盟った。（第一次宋の会）
◇成公十三年（前五七八年）、五月、晋・魯・斉・宋・衛・鄭・曹の諸侯、邾人、滕《とう》人《ひと》が秦《しん》を伐った。
◇成公十五年（前五七六年）、三月、晋・魯・衛・鄭・曹の諸侯、宋の太子らが同盟し、晋侯が曹伯を執えた。夏、楚子が鄭を伐った。
このように複雑な諸侯間のせめぎあいのなかで、晋・楚は一時的に和平関係を樹立したりしていました。しかし、それも長続きせず、この成公十六年に鄭の公子喜が軍を帥いて宋を侵したのをきっかけにして、晋と楚が対決することになります。これが鄢陵の役と呼ばれる戦です。

十一　鄢陵の役（成公十六年）

六月《ろくがつ》、晋侯《しんこう》　欒黶《らんえん》をして来《き》たりて師《し》を乞《こ》わ使《し》む。甲午晦《こうごかい》、晋侯《しんこう》　楚子《そし》・鄭伯《ていはく》と鄢陵《えんりょう》に戦《たたか》う。楚子《そし》・鄭《てい》の師《し》敗績《はいせき》す。楚《そ》其《そ》の大夫《たいふ》公子側《こうしそく》を殺《ころ》す。

◆経（成公十有六年）六月、晋侯使㆓欒黶来乞㆒㆑師。甲午晦、晋侯及㆓楚子・鄭伯㆒戦㆓于鄢陵㆒。楚子・鄭師敗績。楚殺㆓其大夫公子側㆒。

成公十有六年六月、晋侯は欒黶をわが魯に寄越し、援軍を求めてきた。甲午にあたる晦（六月二十九日）、晋侯は楚子（共王）、鄭伯（成公）の軍と鄭の地鄢陵（河南省鄢陵県の西北）で戦った。楚子・鄭伯の軍は大敗した。楚はその大夫である公子側を殺した。

晋侯《しんこう》将《まさ》に鄭《てい》を伐《う》たんとす。范文子《はんぶんし》曰《いわ》く、「若《も》し吾《わ》が願《ねが》いを逞《たくま》しくし、諸侯皆《しょこうみな》叛《そむ》かば、晋《しん》以《もつ》て逞《たくま》しくす可《べ》し。若《も》し唯《た》だ鄭《てい》のみ叛《そむ》かば、晋国《しんこく》の憂《うれ》い、立《た》ちどころに俟《ま》つ可《べ》きなり」と。欒武子《らんぶし》曰《いわ》く、「以《もつ》て吾《わ》が世《よ》に当《あ》たり諸侯《しょこう》を失《うしな》う可《べ》からず。必《かなら》ず鄭《てい》を伐《う》たん」と。乃《すなわ》ち師《し》を興《おこ》す。欒書《らんしょ》　中軍《ちゅうぐん》に将《しょう》たり、士燮之《ししょうこれ》に佐《さ》たり。郤錡《げきき》　上軍《じょうぐん》に将《しょう》たり、荀偃之《じゅんえんこれ》に佐《さ》たり。韓厥《かんけつ》　下軍《かぐん》に将《しょう》たり、郤至《げきし》　新軍《しんぐん》に佐《さ》たり。荀罃《じゅんおう》　居守《きょしゅ》す。郤犨《げきしゅう》　衛《えい》に如《ゆ》き、遂《つい》に斉《せい》に如《ゆ》く。皆師《みなし》を乞《こ》う。欒黶来《らんえんき》たりて師《し》を乞《こ》う。孟献子《もうけんし》曰《いわ》く、「勝《か》つこと有《あ》らん」と。戊寅《ぼいん》、晋《しん》の師《し》起《た》つ。鄭人《ていひと》　晋《しん》の師《し》有《あ》りと聞《き》き、楚《そ》に告《つ》げ使《し》む。姚句耳与《ようこうじとも》に往《ゆ》く。楚子《そし》　鄭《てい》を救《すく》う。司馬《しば》　中軍《ちゅうぐん》に将《しょう》たり、令尹《れいいん》　左《さ》に将《しょう》たり、右尹子辛《ゆういんししん》　右《ゆう》に将《しょう》たり。申《しん》を過《す》ぐ。子反入《しはんい》りて申叔時《しんしゅくじ》を見《み》て曰《いわ》く、「師其《しそ》れ何如《いかん》」と。対《こた》えて曰《いわ》く、「徳《とく》・刑《けい》・詳《しょう》・義《ぎ》・礼《れい》・信《しん》は、戦《たたか》いの器《き》なり。徳《とく》は以《もつ》て恵《けい》を施《ほどこ》し、刑《けい》は以《もつ》て邪《じゃ》を正《ただ》し、詳《しょう》は以《もつ》て神《しん》に事《つか》え、義《ぎ》は以《もつ》て利《り》を建《た》て、礼《れい》は以《もつ》て時《とき》に順《したが》い、信《しん》は以《もつ》て物《もの》を守《まも》る。民生厚《みんせいあつ》くして徳正《とくただ》しく、用利《ようり》にして事節《ことせつ》に、時順《ときじゅん》にして物《もの》成《な》る。上下和睦《じょうげわぼく》し、周旋逆《しゅうせんさから》わず。求《もと》め具《そな》わらざる無《な》く、各《おのおの》其《そ》の極《きょく》を知《し》る。故《ゆえ》に詩《し》に曰《いわ》く、『我《わ》が烝民《じょうみん》を立《た》つるは、爾《なんじ》の極《きょく》に匪《あら》ざること莫《な》し』と。是《ここ》を以《もっ》て神之《しんこれ》に福《ふく》を降《くだ》し、時《とき》災害無《さいがいな》く、民生敦厖《みんせいとんぼう》にして、和同《わどう》して以《もっ》て聴《き》く。力《ちから》を尽《つ》くして以《もっ》て上命《じょうめい》に従《したが》い、死《し》を致《いた》して以《もっ》て其《そ》の闕《けつ》を補《おぎな》わざるは莫《な》し。此《こ》れ戦《たたか》いの由《よ》って克《か》つ所《ところ》なり。今《いま》、楚《そ》内《うち》は其《そ》の民《たみ》を棄《す》て、外《そと》は其《そ》の好《よし》みを絶《た》つ。斉盟《せいめい》を瀆《けが》して、話言《わげん》を食《は》む。時《とき》を奸《おか》して以《もっ》て動《うご》き、民《たみ》を疲《つか》らして以《もっ》て逞《たくま》しくす。民信《たみしん》を知《し》らず。進退罪《しんたいつみ》あり。人《ひと》底《いた》る所《ところ》を恤《うれ》う。其《そ》れ誰《たれ》か死《し》を致《いた》さんや。子《し》其《そ》れ之《これ》を勉《つと》めよ。吾復《われま》た子《し》を見《み》ず」と。姚句耳《ようこうじ》先《ま》ず帰《かえ》る。子駟《しし》問《と》う。対《こた》えて曰《いわ》く、「其《そ》の行《ゆ》くこと速《すみや》かにして、険《けん》を過《す》ぎて整《ととの》わず。速《すみや》かなれば則《すなわ》ち志《こころざし》を失《うしな》い、整《ととの》わざれば列《れつ》を喪《うしな》う。志《こころざし》失《うしな》い列喪《れつうしな》わば、将《は》た何《なに》を以《もっ》て戦《たたか》わん。楚《そ》懼《おそ》らくは用《もち》いる可《べ》からざるなり」と。

◆伝晋侯将レ伐レ鄭。范文子曰、「若逞二吾願一、諸侯皆叛、晋可二以逞一。若唯鄭叛、晋国之

憂、可二立侯一也」。欒武子曰、「不レ可下以当二吾世一而失中諸侯上。必伐レ鄭」。乃興レ師。欒書将二中軍一、士燮佐レ之。郤錡将二上軍一、荀偃佐レ之。韓厥将二下軍一、郤至佐二新軍一。荀罃居守。郤犨如レ衛、遂如レ斉。皆乞レ師焉。欒黶来乞レ師。孟献子曰、「有レ勝矣」。戊寅、晋師起。鄭人聞レ有二晋師一、使レ告二于楚一。姚句耳与往。楚子救レ鄭。司馬将二中軍一、令尹将レ左、右尹子辛将レ右。過レ申。子反入見二申叔時一曰、「師其何如」。対曰、「徳・刑・詳・義・礼・信、戦之器也。徳以施レ恵、刑以正レ邪、詳以事レ神、義以建レ利、礼以順レ時、信以守レ物。民生厚而徳正、用利而事節、時順而物成。上下和睦、周旋不レ逆。求無レ不レ具、各知二其極一。故詩曰、『立二我烝民一、莫レ匪二爾極一』。是以神降二之福一、時無二災害一、民生敦厖、和同以聴。莫レ不下尽レ力以従二上命一、致レ死以補中其闕上。此戦之所二由克一也。今楚内棄二其民一、而外絶二其好一。瀆二斉盟一、而食二話言一。奸レ時以動、而疲レ民以逞。民不レ知レ信。進退罪也。人恤レ所レ底。其誰致レ死。子其勉レ之。吾不二復見一レ子矣」。姚句耳先帰。子駟問焉。対曰、「其行速、過レ険而不レ整。速則失レ志、不レ整喪レ列。志失列喪、将何以戦。楚懼不レ可レ用也」。

晋侯（厲公）が鄭を伐とうとした。晋の大夫の范文子（士燮）は、「もしわが国が思い通りに振る舞い、その結果諸侯がのこらずわが国から離反するというようなことになれば、それが厲公に反省を促す契機になってわが国にとって好都合なことになろう。もしも鄭一国だけが離反したのであれば、かえって晋はすぐにも災難にみまわれることになろう」と反対して言った。これに対して、晋の大夫の欒武子（欒書）は、「われわれの時代に今まで掌握していた諸侯への統率力を失うことはできない。是が非でも鄭を伐つべきだ」と言った。こうした経緯があってそこではじめて晋は鄭を伐つ兵を出すことになった。欒書が中軍の大将、士燮がその副将、郤錡が上軍の大将、荀偃がその副将、韓厥が下軍の大将、郤至が新軍の副将となり、荀罃が国に残り守備の任についた。郤犨はまず衛に出かけ、ついで斉に出かけたが、いずれも援軍を求めたのである。欒黶がわが魯に援軍を求めに来た。賢者として聞こえていた魯の大夫の孟献子は使者の態度が謙譲なのをみて、「この戦いは晋がきっと勝つだろう」と予想して言った。戊寅《つちのえとら》の日（四月十三日）に、晋の軍が出発した。鄭の人は晋の軍が来るとの報を聴いて、加勢を求めるために使者を楚に派遣し、大夫の姚句耳が先に鄭に帰国するための役目でそれに同行した。それで楚子（共王）が鄭を救援する軍をわざわざ率いた。司馬の子反が中軍の大将、令尹（宰相役）の子重が左軍の大将、右尹の官についている子辛（公子壬夫）が右軍の大将になった。楚の軍が楚の邑である申の地を通り過ぎるとき、子反は立ち寄って楚の大夫で申に隠退していた申叔時に面会して、「今度の戦争の帰趨はどうなるだろうか」とたずねた。申叔時は、「徳・刑・詳・義・礼・信の六つの徳は、戦いで最も大切なはたらきをするものです。徳はそれによって恩恵をほどこし、刑はそれによって邪悪を正し、詳はそれによって神明につかえ、義はそれによって利益をおこし、礼はそれに（従うことに）よって時宜に順応して行動でき、信はそれによって百物を守って事を失うことがないのです。民の生活が豊かであれば道徳も正しくおさまり、民の財用が利にかなっているともの事は節度に合致し、民がことに従う時が順当であれば百物も充分成育するものです。かくて上位の者と下位の者が和らぎ睦《むつ》みあって、人々の行動も道理にもとることがなくなります。人々の求めるものは分に応じてすべてかなえられ、上下それぞれ自分たちの守るべき中正の準則をわきまえることになります。

だから『詩』（周頌・思文の篇）に『先王が庶民の生計《たつき》を成り立たせたのは、その中正の準則のおかげ』と詠《うた》っているのです。かくて神明は人々に福をくだし、四時《しいじ》いずれの時も災害にみまわれず、民の生活は豊かになり、人々は力をあわせまとまって上の教えを守り、全力を尽くして君の命令に従い、すべてのものが死をもいとわず戦死者のあとをうめようとするのです。これこそが戦いに勝つ道なのです。ところがいま楚の国の実情は、国内では民をかえりみることなく、対外的には諸国との友好を無視し、神聖な盟《ちか》いを破って神をけがし、民への立派な言葉や約束もみせかけだけで守ることなく、時節をかまわず兵を動かし、民の生活を疲弊させることなどおかまいなく、己の恣意を満足させようとしています。その結果民は上に立つ人への信頼をもたず、進むも退くも罪にかかるとすれば、人々は自分の落ち着き先だけを心にかけるといったありさまで、誰が死をもいとわずに奉公するものがありましょう。しっかりやって下さい。このさき二度と無事なお姿にお目にかかることはありますまい」と言った。鄭の姚句耳が楚の軍が鄭に到着する前に帰国した。鄭の大夫の子駟が楚の軍の様子をたずねると、姚句耳は、「楚軍の進み方は速すぎ、険しい道にさしかかると混乱しています。速すぎると思慮を失い、乱れると隊列を整えられません。思慮は失われ隊列は乱れっぱなしというのでは、どうして戦うことができましょう。楚の軍は恐らく力になってくれますまい」と答えた。

五月《ごがつ》、晋《しん》の師《し》 河《か》を済《わた》る。楚《そ》の師将《しまさ》に至《いた》らんとすと聞《き》き、范文子《はんぶんし》反《かえ》らんと欲《ほっ》し、曰《いわ》く、「我偽《われいつわ》りて楚《そ》を逃《のが》れば、以《もっ》て憂《うれ》いを紓《ゆる》ぶ可《べ》し。夫《そ》れ諸侯《しょこう》を合《がっ》するは、吾《わ》が能《よ》くする所《ところ》に非《あらざ》るなり。以《もっ》て能者《のうしゃ》に遺《のこ》さん。我若《われも》し群臣輯睦《ぐんしんしゅうぼく》して以《もっ》て君《きみ》に事《つか》えば、多《た》なり」と。武子《ぶし》曰《いわ》く、「不可《ふか》なり」と。

◆五月、晋師済レ河。聞ニ楚師将レ至、范文子欲レ反、曰、「我偽逃レ楚、可ニ以紓レ憂。夫合ニ諸侯一、非ニ吾所レ能也。以遺ニ能者一。我若群臣輯睦以事レ君、多矣」。武子曰、「不可」。

五月、晋の軍は黄河を渡った。楚の軍が到来すると聞いて、范文子は引き返そうと考え、「ここは楚に勝てないと見せて逃げ帰れば、これではいけないと厲公は反省するから、晋にふりかかっている危機を回避できよう。そもそも天下の諸侯を統合するなどは、われわれの能力を越えるというもの。能力ある者にまかせておけばよかろう。われわれはもし群臣仲良くして君に仕えるならば、それで充分というものだ」と言った。欒武子（欒書）は、「それはだめだ」と反対して言った。

❖❖❖❖

申叔時の言葉　申叔時は、楚の軍がこの役で敗れるだろうとの原因を分析しています。孫子は、兵法を説いて、「敵を知り己を知らば、百戦殆《あや》うからず」という有名な言葉をのこしています。恐らく、このような名言は、申叔時のような個々の見識を基礎にして一般化された原理が導かれた知恵の結晶ではないかと考えられます。

戦争というと力の有無、兵力の差異が勝敗を分けると考えられがちですが、背後で、徳義の有無というものが勝敗に深く関わっているのだということを、申叔時の言葉は語っているのです。これはいわゆる精神論ではありません。戦争能力や軍事力は、政治を含めた広い意味での徳義、言い換えれば文化的総合力と表現できるものに左右され基礎づけられているのです。中叔時はそれを「徳・刑・詳・義・礼・信は、戦の器なり」と言っています。戦争という大きな器の中を覗《のぞ》くと、戦争をしている当事者の徳・刑・詳・義・礼・信がどのような状態で按配されているかが分かると言っているのでしょう。

六月《ろくがつ》、晋《しん》・楚《そ》　鄢陵《えんりょう》に遇《あ》う。范文子《はんぶんし》戦《たたか》うことを欲《ほっ》せず。郤至《げきし》曰《いわ》く、「韓《かん》の戦《たたか》い、恵公振旅《けいこうしんりょ》せず。箕《き》の役《えき》、先軫命《せんしんめい》を反《かえ》さず。邲《ひっ》の師《し》、荀伯《じゅんぱく》復《ま》た従《したが》わず。皆《みな》晋《しん》の恥《はじ》なり。子《し》も亦先君《またせんくん》の事《こと》を見《み》る。今我《いまわれ》　楚《そ》を辟《さ》けんには、又恥《またはじ》を益《ま》すなり」と。文子《ぶんし》曰《いわ》く、「吾《わ》が先君《せんくん》の亟《しばしば》戦《たたか》うや故有《ゆえあ》り。秦《しん》・狄《てき》・斉《せい》・楚《そ》皆彊《みなつよ》し。力《ちから》を尽《つ》くさずんば、子孫将《しそんまさ》に弱《よわ》められんとす。今《いま》　三彊服《さんきょうふく》せり。敵《てき》は楚《そ》のみ。唯《た》だ聖人《せいじん》のみ能《よ》く外内患《がいないうれ》い無《な》し。聖人《せいじん》に非《あら》ざる自《よ》りは、外寧《そとやす》ければ必《かなら》ず内憂《ないゆう》有《あ》り。盍《なん》ぞ楚《そ》を釈《す》てて以《もっ》て外懼《がいく》と為《な》さざる」と。甲午晦《こうごかい》、楚《そ》　晨《あした》に晋《しん》の軍《ぐん》を圧《あっ》して陳《じん》す。軍吏之《ぐんりこれ》を患《うれ》う。范匃趨《はんかいはし》り進《すす》みて曰《いわ》く、「井《せい》を塞《ふさ》ぎ竈《そう》を夷《たいら》げ、軍《ぐん》

中《ちゅう》に陳《じん》して行首《こうしゅ》を疏《そ》せよ。晋《しん》・楚《そ》は唯《た》だ天《てん》の授《さず》くる所《ところ》のままなり。何《なん》ぞ患《うれ》えん」と。文子《ぶんし》 戈《ほこ》を執《と》り之《これ》を逐《お》い、曰《いわ》く、「国《くに》の存亡《そんぼう》は、天《てん》なり。童子《どうし》何《なん》ぞ知《し》らん」と。欒書《らんしょ》曰《いわ》く、「楚《そ》の師《し》 軽佻《けいちょう》なり。塁《るい》を固《かた》くして之《これ》を待《ま》て。三日《みっか》にして必《かなら》ず退《しりぞ》かん。退《しりぞ》きて之《これ》を撃《う》たば、必《かなら》ず勝《か》つことを獲《え》ん」と。郤至《げきし》曰《いわ》く、「楚《そ》に六間《りっかん》有《あ》り。失《うしな》う可《べ》からざるなり。其《そ》の二《に》卿《けい》は相悪《あいにく》む。王《おう》の卒《そつ》は旧《きゅう》を以《もっ》てす。鄭《てい》は陳《じん》して整《ととの》わず。蛮《ばん》は軍《ぐん》して陳《じん》せず。陳《じん》するに晦《かい》を違《さ》けず。陳《じん》に在《あ》りて囂《さわが》しく、合《がっ》して加《ますます》囂《さわが》し。各《おのおの》 其《そ》の後《うしろ》を顧《かえり》みて、闘心《とうしん》有《あ》ること莫《な》し。旧《きゅう》は必《かなら》ずしも良《よ》からず、以《もっ》て天忌《てんき》を犯《おか》せり。我《われ》必《かなら》ず之《これ》に克《か》たん」と。

◆六月、晋・楚遇㆓於鄢陵㆒。范文子不㆑欲㆑戦。郤至曰、「韓之戦、恵公不㆓振旅㆒。箕之役、先軫不㆑反㆑命。邲之師、荀伯不㆓復従㆒。皆晋之恥也。子亦見㆓先君之事㆒矣。今我辟㆑楚、又益㆑恥也」。文子曰、「吾先君之亟戦也有㆑故。秦・狄・斉・楚皆彊。不㆑尽㆑力、子孫将㆑弱。今三彊服矣。敵楚而已。唯聖人能外内無㆑患。自㆑非㆓聖人㆒、外寧必有㆓内憂㆒。盍㆔釈㆑楚以為㆓外懼㆒乎」。甲午晦、楚晨圧㆓晋軍㆒而陳。軍吏患㆑之。范匄趨進曰、「塞㆑井夷㆑

竈、陳二於軍中一而疏二行首一。晋・楚唯天所レ授。何患焉」。文子執レ戈而逐レ之、曰、「国之存亡、天也。童子何知焉」。欒書曰、「楚師軽佻。固レ塁而待レ之。三日必退。退而撃レ之、必獲レ勝焉」。郤至曰、「楚有二六間一。不レ可レ失也。其二卿相悪。王卒以レ旧。鄭陳而不レ整。蛮軍而不レ陳。陳不レ違レ晦。在レ陳而囂、合而加囂。各顧二其後一、莫レ有二闘心一。旧不二必良一、以犯二天忌一。我必克レ之」。

六月、晋と楚の両軍は鄢陵で相対峙した。范文子がなんとか戦いを避けようとしていると、新軍の副将の郤至《げきし》は、「僖公十五年（前六四五年）の韓の合戦では、わが君恵公は秦の捕虜になって凱旋することがかなわず、僖公三十三年（前六二七年）の箕《き》の戦役では、大将の先軫《せんしん》殿が戦死して復命できず、宣公十二年（前五九七年）の邲の戦いでは、荀伯《じゅんぱく》が一たび敗走するや、二度と楚の軍勢につき従って戦おうとはしなかった。いずれも晋の恥辱である。あなただって先君たちの成敗のことはよくご存じのはずだ。いままた楚との戦いを避けるならば、恥の上塗りというものです」と言った。范文子は、「わが先君たちがたびたび合戦したのには理由がありました。秦・狄・斉・楚の諸国はいずれも強国で、全力を出し切って戦うのでなければ、わが子孫の世で晋は弱体化されていたでしょう。ところがいま、斉・秦・狄の三強国は服従し、敵対するのは楚だけなのです。ただ聖人にだけは国の内外を問わず心配事がないのです。聖人でない以上は、外交面で安心であれば必ず国内に心配の種があるというものです。どうして楚をこのまま うち捨てておいて対処すべきわが外患としておかないのですか」と言った。甲午《きのえうま》の晦《みそか》（六月二十九日）に、楚軍は朝早く晋軍がまだ備えが十分できていないところに威圧して陣をしいた。晋の軍の指揮官は憂慮した。そこへ范文子の息子の范匄《はんかい》が小走りに進み出て、「井戸を埋め、かまどをつぶして、そこを陣地とし、隊伍の先頭のところを開けておいて、そこから突撃できるようにしておけばよい。晋も楚も勝敗は天が決めることです。なにも心配に及びますまい」と言った。これを聞いて父の范文子は戈をとって匄を追い払い、「国が興るか滅ぶかは天命だ。青二才に何が分かる」と叱りつけて言った。中軍の大将の欒書は、「楚の軍は軽率だから、陣地を堅固にして相手が動くのを待つのがよい。三日もすれば楚軍はきっと退却するだろう。退却するのをみて攻撃すれば、必ず勝てる」と言った。

すると新軍の副将の郤至は、「楚には六つの隙がある。この機会を逸してはなるまい。執政役の子重と子反の二卿の仲が悪いのが第一の隙。楚王の親兵は旧家の出を用いているのが第二の隙。鄭軍は陣を構えてはいるが乱れているのが第三の隙。異民族の蛮夷も楚について軍を出しているが陣立てはでたらめなのが第四の隙だ。縁起の悪い晦の日に陣をしいているのが第五の隙。陣中が騒々しく、諸軍が合するとますます騒々しくなるありさまなのは統率がとれていない証拠で第六の隙だ。それに楚・鄭・蛮の兵はそれぞれ後ろ盾を力だのみにして、戦闘心がない。旧家の出だからといって精鋭とは限らず、さらに天の忌む晦の布陣ときている。わが軍は間違いなく勝てる」と言った。

楚子《そし》 巣車《そうしや》に登《のぼ》りて以《もつ》て晋《しん》の軍《ぐん》を望《のぞ》む。子重《しちよう》 大宰伯州犂《たいさいはくしゆうり》をして王《おう》の後《うしろ》に侍《はべ》ら使《し》む。王曰《おういわ》く、「騁《は》せて左右《さゆう》するは何《なん》ぞや」と。曰《いわ》く、「軍吏《ぐんり》を召《め》すなり」

と。「皆中軍《みなちゅうぐん》に聚《あつ》まれり」。曰《いわ》く、「謀《はかりごと》を合《がっ》するなり」と。「幕《まく》を張《は》れり」。曰《いわ》く、「虔《つつし》んで先君《せんくん》に卜《ぼく》するなり」と。「幕《まく》を徹《てつ》せり」。曰《いわ》く、「将《まさ》に命《めい》を発《はっ》せんとするなり」と。「甚《はなは》だ囂《さわが》しくして且《か》つ塵上《ちりあが》れり」。曰《いわ》く、「将《まさ》に井《せい》を塞《ふさ》ぎ竈《そう》を夷《たいら》げて行《こう》を為《な》さんとするなり」と。「皆乗《みなの》れり。左右兵《さゆうへい》を執《と》りて下《くだ》れり」。曰《いわ》く、「誓《ちか》いを聴《き》くなり」と。「戦《たたか》わんか」。曰《いわ》く、「未《いま》だ知《し》る可《べ》からざるなり」と。「乗《の》りて左右皆下《さゆうみなくだ》れり」。曰《いわ》く、「戦《たたか》わんとして禱《いの》るなり」と。伯州《はくしゅう》犂《り》　公《こう》の卒《そつ》を以《もっ》て王《おう》に告《つ》ぐ。苗賁皇《びょうふんこう》　晋侯《しんこう》の側《かたわら》に在《あ》り。亦王《またおう》の卒《そつ》を以《もっ》て告《つ》ぐ。皆曰《みないわ》く、「国士《こくし》在《あ》り、且《か》つ厚《あつ》し。当《あ》たる可《べ》からざるなり」と。苗賁皇《びょうふんこう》　晋侯《しんこう》に言《い》いて曰《いわ》く、「楚《そ》の良《りょう》は、其《そ》の中軍《ちゅうぐん》の王族《おうぞく》に在《あ》るのみ。請《こ》う良《りょう》を分《わか》ちて以《もっ》て其《そ》の左右《さゆう》を撃《う》たん。而《しこ》うして三軍《さんぐん》　王《おう》の卒《そつ》に萃《あつ》まらば、必《かなら》ず大《おお》いに之《これ》を敗《やぶ》らん」と。公之《こうこれ》を筮《ぜい》せしむ。史《し》曰《いわ》く、「吉《きっ》なり」。其《そ》の卦《か》　復《ふく》☷☳に遇《あ》う。曰《いわ》く、『南国蹙《なんごくちぢ》まる。其《そ》の元王《げんおう》を射《い》て、厥《そ》の目《め》に中《あ》つ』と。国蹙《くにちぢ》まり王傷《おうきず》つく。敗《やぶ》れずして何《なに》をか待《ま》たん」と。公之《こうこれ》に従《したが》う。

前《まえ》に淖有《とうあ》り。乃《すなわ》ち皆《みな》左《さ》右《ゆう》して淖《とう》を相違《あいさ》く。歩毅《ほき》　晋《しん》の厲公《れいこう》に御《ぎょ》たり、欒鍼右《らんけんゆう》為《た》り。彭名《ほうめい》　楚《そ》の共王《きょうおう》に御《ぎょ》たり、潘党右為《はんとうゆうた》り。石首《せきしゅ》　鄭《てい》の成公《せいこう》に御《ぎょ》たり、唐《とう》苟右為《こうゆうた》り。欒《らん》・范其《はんそ》の族《ぞく》を以《もっ》て公《こう》の行《こう》を夾《さしはさ》む。淖《とう》に陥《おちい》る。欒書将《らんしょまさ》に晋侯《しんこう》を載《の》せんとす。鍼曰《けんいわ》く、「書退《しょしりぞ》け。国《くに》に大任有《たいにんあ》り。焉《いずく》んぞ之《これ》を専《もっぱ》らにするを得《え》ん。且《か》つ官《かん》を侵《おか》すは、冒《ぼう》なり。官《かん》を失《うしな》うは、慢《まん》なり。局《きょく》を離《はな》るるは、姦《かん》なり。三《さん》罪有《ざいあ》り。犯《おか》す可《べ》からざるなり」と。乃《すなわ》ち公《こう》を掀《あ》げて以《もっ》て淖《とう》より出《い》だす。

◆楚子登㆓巣車㆒以望㆓晋軍㆒。子重使㆔大宰伯州犂侍㆓于王後㆒。王曰、「騁而左右何也」。曰、「召㆓軍吏㆒也」。「皆聚㆓於中軍㆒矣」。曰、「合㆑謀也」。「張㆑幕矣」。曰、「虔卜㆓於先君㆒也」。「徹㆑幕矣」。曰、「将㆑発㆑命也」。「甚囂且塵上矣」。曰、「将㆓塞㆑井夷㆑竈而為㆑行也」。「皆乗矣。左右執㆑兵而下矣」。曰、「聴㆑誓也」。「戦乎」。曰、「未㆑可㆑知也」。「乗而左右皆下矣」。曰、「戦禱也」。伯州犂以㆓公卒㆒告㆑王。苗賁皇在㆓晋侯之側㆒。亦以㆓王卒㆒告。皆曰、「国士在、且厚。不㆑可㆑当也」。苗賁皇言㆓於晋侯㆒曰、「楚之良在㆓其中軍王族㆒而已。請分㆑良以撃㆓其左右㆒。而三軍萃㆓於王卒㆒、必大敗㆑之」。公筮㆑之。史曰、「吉。其卦遇㆑

復☷☳。曰、『南国蹙。射㆓其元王㆒、中㆓厥目㆒』。国蹙王傷。不㆑敗何待」。公従㆑之。有㆑淖㆓於前㆒。乃皆左右相㆓違於淖㆒。歩毅御㆓晋厲公㆒、欒鍼為㆑右。彭名御㆓楚共王㆒、潘党為㆑右。石首御㆓鄭成公㆒、唐苟為㆑右。欒・范以㆓其族㆒夾㆓公行㆒。陥㆓於淖㆒。欒書将㆑載㆓晋侯㆒。鍼曰、「書退。国有㆓大任㆒。焉得㆑専㆑之。且侵㆑官、冒也。失㆑官、慢也。離㆑局、姦也。有㆓三罪㆒焉。不㆑可㆑犯也」。乃掀㆑公以出㆓於淖㆒。

楚子（共王）は櫓をしつらえた車にのぼり、晋軍の様子を眺めわたした。子重は郤一族の専横を嫌って前年晋から亡命してきて大宰の地位にいた伯州犁《はくしゅうり》に命じて共王のうしろに控えさせた。共王がたずねた。

「走って左へ行ったり右に行ったりしているのは何をしているのか」。

「軍の指揮官を集合させているのです」と答えた。

「みんな中軍に集合したぞ」。

「作戦の打ち合わせをしているところです」。

「幕を張ったぞ」。

「つつしんで先君の霊に勝敗の占いをしているのです」。

「幕をはずしたぞ」。

「いよいよ命令をくだすところです」。

「ひどく騒がしくなって土煙が立っているぞ」。

「井戸を埋め、かまどをつぶして隊伍を組むところです」。

「みんな車に乗ったぞ。車の左右の者が武器を持って下車したぞ」。

「大将からの出陣のいましめのことばを聞くためです」。

「いよいよ戦いが始まるのか」。

「まだわかりません」。

「車に乗ったがまた左右の者が下りたぞ」。

「戦う前に鬼神に祈るためです」。

伯州犂は晋侯の親兵の動向を共王に説明した。一方、晋の方でも楚から亡命してきている苗賁皇《びょうふんこう》が晋侯の側に控えて、楚王の親軍の様子を説明した。それを聞いて晋侯の側近たちはみな、「楚にはあの有能なやり手（伯州犂）がいてこちらの手の内をすっかり知っており、しかも軍勢が多い。とても相手になりません」と言った。苗賁皇は晋侯にむかって、「楚の精鋭は中軍の王に所属する親兵たちだけです。こちらの精鋭を二手に分けて相手の左右の二軍を攻撃させてはどうでしょう。そうしておいてわが三軍が楚王の親兵のところに集中攻撃を加えれば、きっとみごとにうち破れましょう」と言った。そこで晋侯はこの作戦について易断をみようと筮《ぜい》で占わせた。占い役は「吉です。占では震☳を下体とし坤☷を上体とする復《ふく》という卦《か》䷗を得ました。占いの文言には南方の国（楚）がちぢまり、その王を射て目にあたる、とあります。国がちぢまり王は負傷するというのですから、楚が敗れるほかありますまい」と言った。晋侯は苗賁皇の謀《はかりごと》に従った。

　晋軍の進む前方にぬかるみがあった。そこでみなが左に行ったり右によったりしてぬかるみを避けて通った。郤至の弟の歩毅（郤毅）が晋の厲公の御者となり、欒書の子の欒鍼《らんけん》が車右であった。一方楚では彭名《ほうめい》が楚の共王の御者となり、潘党《はんとう》が車右であった。石首《せきしゅ》が鄭の成公の御者となり、唐苟《とうこう》が車右であった。晋では欒書と范文子が中軍に属する兵を統率して晋侯に従う親兵の左右をかためていた。そうこうしている間に晋侯の車がぬかるみにはまり込んでしまった。大将の欒書が晋侯を自分の車に乗せようとした。すると欒書の子の欒鍼が、「書よ、退いて下さい。国には君に命ぜられたそれぞれの任務があります。どうして勝手なことをなさるのですか。その上、他人の官職に手を出すのは、冒——むさぼり侵すということ。自分の官職を忘れるのは、慢——怠慢というもの。自分の部局を離れるのは、姦——もとった行為というもの。三つの罪になります。犯すことはできませぬ」といさめて言って、厲公をひきあげてぬかるみから助け出した。

❖❖❖❖

叙述の圧巻　両陣営とも相手国から亡命してきた伯州犂と苗賁皇の経験と知恵とを最大限活用しています。こうした事態を想定して亡命者を受け入れていたとも言えます。そうしたことはさておくとしても、「楚子　巣車に登りて以て晋の軍を望む」以下の伯州犂と共王とのやりとりの叙述は、夏目漱石が『文学論』の中で間隔法と称して絶賛した文章表現です。晋軍の出撃前の動向があたかも映画や映像の場面でも見ているように見事に表現されています。遠くからの視点による晋軍の様子の描写から一転して、視点が移って晋の陣営の情景がクローズアップされています。あたかもカメラが移動して映像を写し出しているかのようです。『左伝』の文章は簡潔であるというのが一般的評価です。簡潔な表現によって読み手それぞれの想像力を試し、理解に幅を持たせていると言えるでしょう。

官僚主義の萌芽　法家思想の集大成者である韓非子《かんぴし》の書に次のような説話が載せられています。

韓という国の殿様がある時、酒に酔ってそのまま寝てしまいました。冠を司る役人が風邪を召してはならないと気を利かせて衣を殿様にかけてやりました。殿様は目が覚めて、誰が衣をかけたのかと訊いたら、冠係です、と左右の者が答えたので、殿様は、冠係と衣服係との両名を処罰しました。一方は職務怠慢の科で罰せられ、他方は職分を越えた行為がとがめられたのです。

人情の点から申しますと、冠係の思いやりにしろ、晋侯を助けようとした欒書の行為にしろ、どちらも褒められてもよいことで、少なくとも処罰されたり、批判されたりするようなことではありません。自分の父親に対してでもその職分の逸脱を許さないというのは、官とそれにともなう職に対する明確な区別が次第に意識的に形成されて、定着していたことがうかがえます。法制上の官制が整備されて官僚制支配の機構が徐々に各国でできつつあったのでしょう。

癸巳《きし》、潘尫《はんおう》の党《とう》、養由基《ようゆうき》と甲《こう》を蹲《あつ》めて之《これ》を射《い》、七札《しちさつ》を徹《とお》す。以《もつ》て王《おう》に示《しめ》して曰《いわ》く、「君《きみ》 二臣《にしん》の此《か》くの如《ごと》くなる有《な》り。何《なん》ぞ戦《たたか》いを憂《うれ》えん」と。王怒《おういか》りて曰《いわ》く、「大《おお》いに国《くに》を辱《はずかし》む。詰朝《きつちよう》、爾《なんじ》 射《い》ば芸《げい》に死《し》せん」と。

呂錡《りよき》 月《つき》を射《い》て之《これ》に中《あ》て、退《しりぞ》きて泥《どろ》に入《い》る、と夢《ゆめ》む。之《これ》を占《うらな》う。曰《いわ》く、「姫《き》姓《せい》は、日《ひ》なり。異姓《いせい》は、月《つき》なり。必《かなら》ず楚王《そおう》ならん。射《い》て之《これ》に中《あ》て、退《しりぞ》きて泥《どろ》に入《い》るは、亦必《またかなら》ず死《し》せん」と。戦《たたか》うに及《およ》び、共王《きようおう》を射《い》て、目《め》に中《あ》つ。王《おう》 養《よう》由基《ゆうき》を召《め》し、之《これ》に両矢《りようし》を与《あた》え、呂錡《りよき》を射使《いし》む。項《こう》に中《あ》たり弢《とう》に伏《ふ》す。一矢《いつし》を以《もっ》て復命《ふくめい》す。郤至《げきし》三《み》たび楚子《そし》の卒《そつ》に遇《あ》う。楚子《そし》を見《み》れば必《かなら》ず下《くだ》り、冑《かぶと》を免《ぬ》ぎて趨《はし》ること風《かぜ》のごとし。楚子《そし》　工尹襄《こういんじょう》をして之《これ》に問《おく》るに弓《ゆみ》を以《もっ》てせ使《し》む。曰《いわ》く、「事《こと》の殷《さかん》なるに方《あ》たりてや、韎韋《ばつい》の跗注《ふちゅう》せる有《あ》り。君子《くんし》なり。不穀《ふこく》を識《しき》見《けん》して趨《はし》れり。乃《すなわ》ち傷《きず》つくこと無《な》からんか」と。郤至《げきし》　客《かく》を見《み》て冑《かぶと》を免《ぬ》ぎて命《めい》を承《う》けて曰《いわ》く、「君《きみ》の外臣至《がいしんし》　寡君《かくん》の戎事《じゅうじ》に従《したが》い、君《きみ》の霊《れい》を以《もっ》て、甲冑《かっちゅう》を蒙《こうむ》るに間《あずか》る。敢《あ》えて命《めい》を拝《はい》せず。敢《あ》えて告《つ》ぐ、君《きみ》の命《めい》の辱《かたじけな》きに寧《やす》んぜざるを。事《こと》の為《ため》の故《ゆえ》に、敢《あ》えて使者《ししゃ》を粛《しゅく》す」と。三《み》たび使者《ししゃ》を粛《しゅく》して退《しりぞ》く。

晋《しん》の韓厥《かんけつ》　鄭伯《ていはく》を従《お》う。其《そ》の御杜溷羅《ぎょとこんら》曰《いわ》く、「速《すみや》かに之《これ》を従《お》え。其《そ》の御《ぎょ》　屢《しばしば》顧《かえり》みて、馬《うま》に在《あ》らず。及《およ》ぶ可《べ》きなり」と。韓厥《かんけつ》曰《いわ》く、「以《もっ》て再《ふた》び国君《こくくん》を辱《はずかし》む可《べ》からず」と。乃《すなわ》ち止《や》む。郤至《げきし》　鄭伯《ていはく》を従《お》う。其《そ》の右茀翰胡《ゆうふつかんこ》曰《いわ》く、「諜《ちょう》して之《これ》を輅《むか》えよ。余《よ》　之《これ》が乗《じょう》に従《したが》いて俘《とりこ》にして以《もっ》て下《くだ》らん」と。郤至《げきし》曰《いわ》く、「国《こく》君《くん》を傷《きず》つけば刑《けい》有《あ》り」と。亦《また》止《や》む。石首《せきしゅ》曰《いわ》く、「衛《えい》の懿公《いこう》唯《た》だ其《そ》の旗《はた》を去《さ》らず。是《ここ》を以《もっ》て熒《けい》に敗《やぶ》れたり」と。乃《すなわ》ち旌《せい》を弢中《とうちゅう》に内《い》る。唐苟《とうこう》　石首《せきしゅ》に謂《い》いて曰《いわ》く、「子《し》 君側《くんそく》に在《あ》れ。敗《やぶ》るる者壱《ことい》つに大《だい》なり。我《われ》 子《し》に如《し》かず。子《し》 君《きみ》を以《もつ》て免《まぬか》れよ。我請《われこ》う止《とど》まらん」と。乃《すなわ》ち死《し》す。

楚《そ》の師《し》 険《けん》に薄《せま》る。叔山冉《しゆくさんぜん》 養由基《ようゆうき》に謂《い》いて曰《いわ》く、「君命有《きみめいあ》りと雖《いえ》ども、国《くに》の為《ため》の故《ゆえ》に、子《し》必《かなら》ず射《い》よ」と。乃《すなわ》ち射《い》る。再《ふたた》び発《はつ》して尽《ことごと》く殪《たお》る。叔山冉《しゆくさんぜん》 人《ひと》を搏《う》ちて以《もつ》て投《な》ぐ。車《くるま》に中《あ》たりて軾《しよく》を折《お》る。晋《しん》の師《し》乃《すなわ》ち止《や》む。楚《そ》の公子茷《こうしはい》を囚《とら》う。欒鍼《らんけん》 子重《しちよう》の旌《せい》を見《み》て、請《こ》うて曰《いわ》く、「楚人《そひと》謂《い》う、『夫《か》の旌《せい》は、子重《しちよう》の麾《き》なり』と。彼《かれ》は其《そ》れ子重《しちよう》ならん。日《さき》に臣《しん》の楚《そ》に使《つか》いせしや、子重《しちよう》 晋国《しんこく》の勇《ゆう》を問《と》えり。臣対《しんこた》えて曰《いわ》く、『好《この》んで衆《しゆう》を以《もつ》て整《ととの》う』と。曰《いわ》く、『又何如《またいかん》』と。臣対《しんこた》えて曰《いわ》く、『好《この》んで暇《いとま》を以《もつ》てす』と。今《いま》 両国《りようこく》 戎《じゆう》を治《おさ》めて、行人使《こうじんつか》いせざれば、整《ととの》うと謂《い》う可《べ》からず。事《こと》に臨《のぞ》みて言《げん》を食《は》まば、暇《いとま》と謂《い》う可《べ》からず。請《こ》う飲《いん》を摂《せつ》せしめん」と。公之《こうこれ》を許《ゆる》す。行人《こうじん》をして榼《こう》を執《と》り飲《いん》を承《う》けて子重《しちよう》に造《いた》ら使《し》めて、曰《いわ》く、「寡君使《かくんつか》いに乏《とぼ》し。鍼《けん》をして御《はべ》りて矛《ほこ》を持《も》た使《し》む。是《ここ》を以《もつ》て従者《じゆうしや》を犒《ねぎら》うことを得《え》ず。某《それがし》をして飲《いん》を摂《せつ》せ使《し》む」と。子重曰《しちよういわ》く、「夫《ふう》子《し》嘗《かつ》て吾《われ》と楚《そ》に言《い》えり。必《かなら》ず是《こ》の故《ゆえ》ならん。亦《また》識《し》らざらんや」と。受《う》けて之《これ》を飲《の》み、使《し》者《しや》を免《ゆる》して復《ま》た鼓《こ》す。旦《たん》にして戦《たたか》い、星《ほし》を見《み》て未《いま》だ已《や》まず。

◆癸巳、潘尫之党、与二養由基一蹲レ甲而射レ之、徹二七札一焉。以示レ王曰、「君有二二臣如レ此。何憂二於戦一」。王怒曰、「大辱レ国。詰朝、爾射死レ芸」。

呂錡夢三射レ月中レ之、退入二於泥一。占レ之。曰、「姫姓、日也。異姓、月也。必楚王也。射而中レ之、退入二於泥一、亦必死矣」。及レ戦、射二共王一、中レ目。王召二養由基一、与二之両矢一、使レ射二呂錡一。中レ項伏レ弢。以二一矢一復命。郤至三遇二楚子之卒一。見二楚子一必下、免レ冑而趨風。楚子使二工尹襄問一レ之以レ弓。曰、「方二事之殷一也、有二韎韋之跗注一。君子也。識二見不穀一而趨。無二乃傷一乎」。郤至見レ客、免レ冑承レ命曰、「君之外臣至従二寡君之戎事一、以二君之霊一、間レ蒙二甲冑一。不二敢拝一レ命。敢告不レ寧二君命之辱一。為レ事之故、敢粛二使者一」。三粛二使者一而退。

晋韓厥従二鄭伯一。其御杜溷羅曰、「速従レ之。其御屢顧、不レ在レ馬。可レ及也」。韓厥曰、「不レ可三以再辱二国君一」。乃止。郤至従二鄭伯一。其右茀翰胡曰、「諜輅レ之。余従二之乗一而俘以下」。郤至曰、「傷国君有刑」。亦止。石首曰、「衛懿公唯不去其旗。是以敗於熒」。乃内旌於弢中。唐苟謂石首曰、「子在君側。敗者壱大。我不如子。子以君免。我請止」。乃死。

楚師薄於険。叔山冉謂養由基曰、「雖君有命、為国故、子必射」。乃射。再発尽殪。叔山冉搏人以投。中車折軾。晋師乃止。囚楚公子茷。欒鍼見子重之旌、請曰、「楚人謂、夫旌、子重之麾也。彼其子重也。日臣之使於楚也、子重問晋国之勇。臣対曰、『好以衆整』。曰、『又何如』。臣対曰、『好以暇』。今両国治戎、行人不使、不可謂整。臨事而食言、不可謂暇。請摂飲焉」。公許之。使行人執榼承飲造于子重、曰、「寡君乏使。使鍼御持矛。是以不得犒従者。使某摂飲」。子重曰、「夫子嘗与吾言於楚。必是故也。不亦識乎」。受而飲之、免使者而復鼓。旦而戦、見星未已。

癸巳《みずのとみ》の日（六月二十八日）、楚の大夫潘尫《はんおう》の子の党が、前の戦いで共王の車右を務めたこともある養由基《ようゆうき》と甲《よろい》を重ねて射たところ、七かさねを射貫いた。それを共王に誇示して、「君にはこの通りの弓の名手が二人おります。合戦で何の心配がありましょうか」と言った。この言葉を聞くや共王は怒って、「力ばかりにたよって知謀のない恥さらしめが。明朝の合戦ではお前たちは弓を射てその弓の技倆のために命を落とすことになろうぞ」と言った。

晋の大夫の呂錡《りょき》（魏錡《ぎき》）が、月を弓で射て命中させ、自分は後退して泥の中にはまり込んだ、という夢をみた。この夢の吉凶を占わせたところ、「姫《き》という姓は周王室の姓で尊くて太陽であり、それ以外の異姓は月である。その月とはきっと楚王であろう。弓で射てこれに命中させながら、後退して泥にはまりこんだというのは、あなたもまた必ず死ぬということであろう」と判じて言った。いよいよ合戦になると、呂錡は共王を射て、目にあてた。共王は養由基を呼んで二本の矢を与え、呂錡を射させたところ、首に命中し弓袋にうつ伏せになって即死した。養由基は自らの腕を誇るため残った一本の矢を携えて共王に復命した。郤至《げきし》は三度も楚王の親兵に出くわして戦ったが、楚王をみかけるときまって車から降り、かぶとをとって風のように走りすぎた。楚王は工尹《こういん》の官の襄《じょう》に命じて郤至に弓を贈らせて、「合戦のまっただなかに、赤いなめし皮の軍服を身につけた方がおられ、君子とお見受けしました。わたしだと承知して避けて下さったが、おけがはありませんか」と言わせた。郤至は使者に会うと、かぶとをぬいで挨拶をうけ、「楚君には外臣になるわたくしは、わが君の軍事《いくさ》に従い、君のおかげにより甲冑を身につけておりますので、かたじけないご挨拶ながら鄭重に拝礼することは致しません。君のありがたいお言葉に恐縮致しております。軍事の場のことゆえ、ご使者に立ったままで粛礼を致します」と言って、三度使者に粛礼をしてさがった。

晋の韓厥《かんけつ》は鄭伯を追った。韓厥の御者の杜溷羅《とこんら》は、「素早く追いかけて下さい。鄭伯の御者は何度も後ろをふりかえって馬を御する方に注意が向いていません。追いつけます」と言った。韓厥は、「二回も国君に恥をかかせることはできない」と言って、追撃するのを止めた。郤至も鄭伯を追った。郤至の車右の茀翰胡《ふつかんこ》が、「軽兵をやって鄭伯の車の前に立ちはだからせて下さい。わたくしめが後ろから鄭伯の車にのぼって、生け捕りにして車から下りてみせます」と言った。郤至は、「国君を傷つけると刑罰をうけるぞ」と言って、これまた追撃するのを止めた。一方、難をのがれた鄭伯の御者の石首が、「衛の懿公《いこう》はその旗を降ろさなかったばかりに、熒《けい》の地の戦いで敗北したのだ」と言ったので、鄭伯の車の旗を旗袋の中にしまいこんだ。車右の唐苟が石首に「きみは君の側にいてくれ。わが軍は大くずれだ。わたしはきみにはかなわない。君のお供をして逃げて下され。わたしは踏み止まって敵の攻撃から守ろう」と言って、戦って死んだ。

ところで、晋と戦っていた楚の軍は険阻な場所に追い込められた。叔山冉《しゅくさんぜん》が養由基に向かって、「技におぼれて死ぬぞとの王の仰せがありましたが、ここはお国のためだ。ぜひ射てくれ」と言った。そこで養由基は矢を射た。二度矢を放つと、二本とも命中して敵はたおれた。叔山冉も敵兵を手うちにして投げつけると、敵の車に当たって横木をへし折ってしまった。晋の軍はそれで追撃を止めた。が、この時楚の公子茷《はい》を捕虜にした。またこんなこともあった。晋の欒鍼が楚の令尹の子重《しちょう》（公子嬰斉）の旗をみつけて、晋侯に願い出て、「楚の人が、あの旗が子重のさしず旗だ、と申していますから、かれが子重にちがいありません。かつてわたくしが楚に使いしたとき、子重が晋の国の勇とはどんなものかとたずねましたので、わたくしは『よく軍旅を整える事だ』と答えました。さらに『その上どんなことがあるか』との質問だったので、わたくしは『つねに余裕をもっていることだ』と答えました。ところがいま、両国は兵を交えて合戦の最中ですが、使者も送ることができないようでは軍を整えているとは申せません。危急の大事なこのときによく軍旅を整えるという前言とくいちがうようでは、余裕があるとは申せません。どうか楚の軍まで酒をもたせてやることをお許し下さい」と申し出たので、晋侯はこれを許した。そこで使者に酒器をもたせ酒をささげて子重のもとへ遣わし、「わが君には使者にやる人材に乏しく、わたくし、鍼ごとき者に側につかえて車右とさせて矛をもたせているありさまです。そのためわたくし自身出かけてお供をねぎらうことができません。この者に代わりにお酒をもたせました」と言わせた。子重は、「あのお方（欒鍼どの）は以前わたしと楚でことばを交わしたことがあります。きっとこのことだったのでしょう。ちゃんと記憶しておりますよ」と言って、酒を受けて飲み、使者を晋の陣に帰して再び進撃の太鼓をうちならした。夜明けに戦い始めて、星が出る頃になっても終わらなかった。

❖❖❖❖

月を射る夢　ここでも合戦前日の楚と晋との両陣営内のエピソードを挿入しています。どちらも弓にまつわる話です。と同時に、月を射たという夢をそのまま「共王を射て、目に中《あ》つ」という現実に結びつけています。夢と現実の織りなす綾が鮮やかに描かれています。古代の人にとっては、夢と現実は必ずしも切り離されたものではなかったのでしょう。人が生きるということは現実と夢との境界をさまようというように理解していたのかもしれません。そして、養由基の弓の威力も発揮され、晋軍をおし止めたことを述べる手際よさを描写しています。さらに、子重と欒鍼とのかつてのやりとりが追叙され、その再現が語られています。戦場の描写をしてこれほど手が込んで、詳しく叙述している名文はないと言われるほどの文章で、繰り返し読んでみるとそのよさが味わえると思います。

子反《しはん》　軍吏《ぐんり》に命《めい》じ、夷傷《いしょう》を察《さつ》し、卒乗《そつじょう》を補《おぎな》い、甲兵《こうへい》を繕《おさ》め、車馬《しゃば》を展《つら》ね、鶏《けい》鳴《めい》にして食《くら》い、唯《た》だ命《めい》を是《こ》れ聴《き》かしむ。晋人《しんひと》之《これ》を患《うれ》う。苗賁皇《びょうふんこう》徇《とな》えて曰《いわ》く、

「乗《じょう》を蒐《けみ》し卒《そつ》を補《おぎな》い、馬《うま》に秣《まぐさ》かい兵《へい》を利《り》にし、陳《じん》を脩《おさ》め列《れつ》を固《かた》くし、蓐食《じょくしょく》して申《かさ》ねて禱《いの》れ。明日《みょうにち》復《ま》た戦《たたか》わん」と。乃《すなわ》ち楚《そ》の囚《しゅう》を逸《はな》つ。王之《おうこれ》を聞《き》き、子反《しはん》を召《め》して謀《はか》らんとす。穀陽豎《こくようじゅ》 飲《いん》を子反《しはん》に献《けん》ず。子反酔《しはんよ》うて見《まみ》ゆること能《あた》わず。王曰《おういわ》く、「天《てん》 楚《そ》を敗《やぶ》るか。余《よ》 以《もっ》て待《ま》つ可《べ》からず」と。乃《すなわ》ち宵遁《よるのが》る。晋《しん》 楚《そ》の軍《ぐん》に入《い》り、三日《みっか》穀《こく》す。范文子《はんぶんし》 戎馬《じゅうば》の前《まえ》に立《た》ちて曰《いわ》く、「君幼《きみおさな》くして、諸臣不佞《しょしんふねい》なり。何《なに》を以《もっ》て此《ここ》に及《およ》べる。君其《きみそ》れ之《これ》を戒《いまし》めよ。周書《しゅうしょ》に曰《いわ》く、『惟《こ》れ命常《めいつね》に于《お》いてせず』とは、徳有《とくあ》るの謂《いい》なり」と。

楚《そ》の師還《しかえ》りて、瑕《か》に及《およ》ぶ。王《おう》 子反《しはん》に謂《い》わ使《し》めて曰《いわ》く、「先大夫《せんたいふ》の師徒《しと》を覆《くつがえ》えせしとき、君在《きみあ》らざりき。子以《しもっ》て過《あやま》ちと為《な》すこと無《な》かれ。不穀《ふこく》の罪《つみ》なり」と。子反再拝稽首《しはんさいはいけいしゅ》して曰《いわ》く、「君《きみ》 臣《しん》に死《し》を賜《たま》わば、死《し》すとも且《まさ》に朽《く》ちざらんとす。臣《しん》の卒実《そつじつ》に奔《はし》れり。臣《しん》の罪《つみ》なり」と。子重《しちょう》 子反《しはん》に謂《い》わ使《し》めて曰《いわ》く、「初《はじ》め師徒《しと》を隕《おと》したる者《こと》、而《なんじ》も亦之《またこれ》を聞《き》けり。盍《なん》ぞ之《これ》を図《はか》らざる」と。対《こた》えて曰《いわ》く、「先大夫之有《せんたいふこれあ》ること微《な》しと雖《いえ》ども、大夫《たいふ》 側《そく》に命《めい》ずる、側敢《そくあ》えて義《ぎ》とせざらんや。側《そく》君《きみ》の師《し》を亡《うしな》えり。敢《あ》えて其《そ》の死《し》を忘《わす》れんや」と。王之《おうこれ》を止《とど》め使《し》む。及《およ》ばずして卒《しゅっ》す。

◆子反命二軍吏一、察二夷傷一、補二卒乗一、繕二甲兵一、展二車馬一、鶏鳴而食、唯命是聴。晋人患レ之。苗賁皇徇曰、「蒐レ乗補レ卒、秣レ馬利レ兵、脩レ陳固レ列、蓐食申禱。明日復戦」。乃逸二楚囚一。王聞レ之、召二子反一謀。穀陽豎献二飲於子反一。子反酔而不レ能レ見。王曰、「天敗レ楚也夫。余不レ可二以待一」。乃宵遁。晋入二楚軍一、三日穀。范文子立二於戎馬之前一曰、「君幼、諸臣不佞。何以及レ此。君其戒レ之。周書曰、『惟命不レ于レ常』。有レ徳之謂」。

楚師還、及レ瑕。王使レ謂二子反一曰、「先大夫之覆二師徒一者、君不レ在。子無二以為一レ過。不穀之罪也」。子反再拝稽首曰、「君賜二臣死一、死且レ不レ朽。臣之卒実奔。臣之罪也」。子重使レ謂二子反一曰、「初隕二師徒一者、而亦聞レ之矣。盍レ図レ之」。対曰、「雖レ微二先大夫有一レ之、大夫命レ側、側敢不レ義。側亡二君師一。敢忘二其死一」。王使レ止レ之。弗レ及而卒。

楚の軍事を司る司馬の職にいる子反は軍の将帥に命じて、負傷者を調べ、歩兵と車兵の戦死者の欠員を補い、武器をつくろい、車と馬を並べて検査し、朝は一番鶏が鳴くと食事をとり、出陣の命令を待つようにさせた。楚軍のこの手際よい様子を知って晋の人々は不安になった。人々の不安を鎮めようと楚からの亡命者晋の苗賁皇《びょうふんこう》は晋の全軍にふれをまわして、「兵車を検閲し兵卒を補充し、馬にまぐさをやり、武器の手入れをし、陣立てを整え隊列をかため、たっぷり食べて、かさねて戦運を祈るのだ。明日はまた戦うぞ」と伝えて言った。そうしておいて楚の捕虜をわざと釈放して楚に還した。楚の共王はこれを聞いて、子反を呼んで対策をたてようとした。ところが穀陽という子反の小姓が子反に酒をすすめていて、子反は酔いつぶれてしまって王にお目通りできる状態ではなかった。共王は、「天が楚を敗けさせようとしているのか。自分は待ってはおれない」と言って、夜のうちに逃げてしまった。晋は楚軍の陣地に攻め入り、楚が残していった食糧を三日間食べて宿営した。范文子は晋侯の馬前に立って、「わが君は幼く、群臣はみないたらぬ者ばかりですのにどうして勝つことができたのでしょう。この勝ちに驕ることなくどうか慎重にふるまって頂きたい。『尚書』の『周書』康誥《こう》篇にも『天命は常あるものではない』とありますのは、天命は有徳の者にこそ味方することの意味です」と諫めて言った。

かくて楚軍は鄢陵を引きあげて瑕の地まで帰った。共王は子反（公子側）のもとに人をやって、「先大夫の子玉が城濮の地で晋と僖公二十八年（前六三二年）に戦って大敗したとき、先君（成王）は戦陣におられなかった。このたびはわたしも戦陣にいたのだからお前に何のとがもない。すべてこのわたしの責任だ」と言わせた。このことばを聞いて子反は再拝稽首して、「君がこのわたくしに死を賜れば、死んでも名は残りましょう。わたくしの指揮する中軍の兵が敗走したのは、大敗の原因をつくったわたくしの責任です」と言った。子重は子反のもとに使いをやって、「かつてわが軍を壊滅させた将軍（子玉）のことは、あなただってご存じのはず。どうして決断をしないのですか」と言わせた。子反は答えて、「たとい先大夫（子玉）の先例がなかったとしても、あなたのお申しつけは、まことに道理にかなったこと。わたしはわが君の軍を失ったのだから、死は覚悟のことである」と言った。このことを聞いて共王は子反の自死を思いとどまらそうとしたが、使いの者が間に合わずに子反は自ら卒した。

楚を敗るか」と天が自らに味方していないと判断した楚の共王が軍を引き上げ、決戦は回避されました。それだけに、帰国後、楚では敗戦の責任が問われることになりますが、城濮での大敗で、責任者の子玉が自死したことが深く影を落としています。共王は、子反と子重の不仲を察知していました。子重が子反の責任を追及する前に先手を打って、瑕の地に使者を出したのです。共王の意図を読んでのことなのでしょうか、死を覚悟している子反に追い打ちをかけるように、子重は厳しく責任を追及しています。子重の子反嫌いと追い落としの陰険な魂胆が読み取れます。

❖❖❖❖

敗戦の責任追及

合戦の翌日、再度の決戦が準備されていましたが、「天

◆「食言（言を食む）」と「言は身の文なり」

政治家などが、前に言ったことと違うことを言ったり、約束を守らなかったりした場合に、マニフェストと違うとか、公約違反とかと言って非難をしています。

一昔二昔ほど前ですと、食言したという言い方がよく使われていたように記憶します。つまり、食言というのは、うそをつくとか、約束を守らないという意味に理解されるのが普通です。言を食うとはどういうことを言っているのかとよく考えてみると不思議な言い回しです。文字通り理解すると、「言葉を食べる」ということです。言葉一般を食べることなのか、自分の発した言葉を食べることなのか、いずれにしても、それがうそをつくという意味として理解するには少し考えてみたくなります。

「食言」が最初に載せられている古典は、『尚書』湯誓《とうぜい》篇です。「爾《なんじ》信ならざる無くんば、朕《われ》言を食《は》まじ。爾誓言《せいげん》に従わざれば、予《よ》則ち汝を孥戮《どりく》し、赦《ゆる》す攸《ところ》有る罔《な》し（お前達に信頼に違うようなことがなければ、このわたしは言を食まない。お前達が誓いに従わないならば、このおれはお前達の妻子まで皆殺しにして、容赦しないぞ）」というように使われています。

この食言も、今まで朕が言ったことを食わないということは、言ったことをそのままにしておくということになります。発した言葉がそのまま生きているということでしょうか。自己が発した言葉に限らず、一般に言葉を食べないというのは、どういうことでしょうか。そもそも言葉を食べるとか食べないとかという発想自体興味深いですね。

『春秋左氏伝』にも、食言という表現は数例見られます。中でも「言を食むこと多し、能く肥ゆること無からんや（言葉を食べているのだから、どうして肥えないでおれましょうか）」（哀公二十五年）という表現は、肥えているのはうそばかりついているからだと言っていることになります。今時、肥満と嘘つきとに因果関係を求めたりしますと、物議を醸《かも》しますが、目に見えない言葉、特にうそが目に見える形になっているという見方は面白いのではないでしょうか。兼好法師は「もの言はぬは、腹ふくるる業なり」と言っています。もちろん抽象的な表現ですが、言葉の貯まりどころがお腹だと考えていた想像力には共通するものがあったと言えるのではないでしょうか。

この外、「我吾が言を食らうは、天地に背《そむ》くなり」（僖公十五年）、「礼無ければ、必ず言を食まん」（成公十二年）という使われ方がされています。「天地に背く」とか「礼無ければ」と言っているのですから、言を食むというのは、約束に違うとか、うそをつくということを言っていることは明白でしょう。

「言は身の文なり」（僖公二十四年）というのは、言葉は、それを発する人の品格とか個性が表わしている装飾のようなものだという意味です。その装飾が煌《きら》びやかである場合もあるでしょうし、素朴で味わいのある場合もあります。食べなければならないような言で身を飾ることだけはしたくないものです。

十二　呉の季札の譲国（襄公十四年、紀元前五五九年）

呉子《ごし》諸樊《しょはん》既《すで》に喪《も》を除《のぞ》き、将《まさ》に季札《きさつ》を立《た》てんとす。季札《きさつ》辞《じ》して曰《いわ》く、「曹《そう》の宣《せん》公《こう》の卒《しゅつ》するや、諸侯《しょこう》 曹人《そうひと》と曹君《そうくん》を義《ぎ》とせず、将《まさ》に子臧《しぞう》を立《た》てんとす。子臧《しぞう》之《これ》を去《さ》りて、遂《つい》に為《な》らず、以《もっ》て曹君《そうくん》を成《な》せり。君子《くんし》曰《いわ》く、『能《よ》く節《せつ》を守《まも》れり』と。君《きみ》は義嗣《ぎし》なり。誰《たれ》か敢《あ》えて君《きみ》を奸《おか》さん。国《くに》を有《ゆう》するは吾《わ》が節《せつ》に非《あら》ざるなり。札《さつ》不才《ふさい》なりと雖《いえ》ども、願《ねが》わくは子臧《しぞう》に附《ふ》し、以《もっ》て節《せつ》を失《うしな》うこと無《な》からん」と。固《かた》く之《これ》を立《た》てんとす。其《そ》の室《しつ》を棄《す》てて耕《たがや》す。乃《すなわ》ち之《これ》を舎《お》く。

◆伝呉子諸樊既除レ喪、将レ立二季札一。季札辞曰、「曹宣公之卒也、諸侯与二曹人一不レ義二曹君一、将レ立二子臧一。子臧去レ之、遂弗レ為也、以成二曹君一。君子曰、『能守レ節』。君義嗣也。誰敢奸レ君。有レ国非二吾節一也。札雖二不才一、願附二於子臧一、以無レ失レ節」。固立レ之。棄二其室一而耕。乃舎レ之。

呉子（子爵の諸侯）の諸樊（呉子寿夢の長子）は、父（寿夢）の三年の喪も明けてしまってから、末弟の季札を君に立てようとした。季札は辞退して、「曹の宣公が亡くなったとき、諸侯は曹の人とともに曹君（成公）を不義な君だとして、成公に代えて子臧を君に立てようとしました。ところが子臧は宋に逃げてしまい、そのまま君にはならず、成公をそのまま曹君としてしまいました。このことについて時の君子は、『節を守ることができた人物だ』と評価して言いました。あなたは正統な後継ぎのお方です。誰があなたにとってかわれましょうか。国をたもち治めるようなことはわたしのけじめにかなうことではありません。わたしは能力もありませんが、子臧のように、けじめを失わないようにしたく存じます」と言った。それでも諸樊がかたくなに立てようとしたので、季札は家を棄てて田を耕し隠遁した。そこでやむなく諸樊もそのままにしておいた。

譲位と譲国　譲位や譲国というのは、法制的な資格を度外視して、国君になることを放棄したり、君の地位を譲ることをいいます。われわれには馴染みのない言葉ですが、広い意味で相続の問題だといえます。

呉の季札は賢者として名高い人物です。呉は、文化的発展の点では、中原の諸侯に後れを取っていた国でした。中原の諸侯に並ぶ力をつけつつあったなかで、季札が賢者としての評価を得たのには、三つのことがあげられます。まず譲国の行為です。次に、呉の使者として魯を始めとした中原の文化的水準の高い諸国に出向いて、その教養と見識が認められました。三つ目は、死者となった徐《じょ》という国の君に生前約束して

伯夷像（三才図会）

季札像（三才図会）

いた通り立派な剣を与えたという信義を尊んだ行為です。僻遠の国であった呉が台頭してきた背後には、季札のような人物が育つだけの文化的基盤が確立されていたことの示唆のように思います。

呉の季札の譲国については諸文献が伝えていますが、『左氏伝』では譲国の経緯についての記述はありません。『公羊伝』の襄公二十九年には、その経緯を大略次のように記しています。

季札を賢者としたのは、国を譲ったからです。その国を譲ることになった経緯は次のようでした。季札には同母の兄弟が四人いて、上から謁《えつ》・余祭《よさい》・夷昧《いまい》・季札という順序でした。季札は年は若くても才能がありましたので、兄たちはみな季札を大切にして、ゆくゆくは君に立てようと考えました。長兄の謁は、「いまいきなり季札に国を与えると言い出すと、きっと受けないでしょう。われわれ三人の兄弟はみな国を継いでも銘々の子供には国を継がせず、兄弟三人が国を継いで君となり、季札に与えるようにしようではないか」と提言しました。他の兄弟も承諾しました。そこで順次君となった兄弟はみな軽々しく死ぬことが勇気だと考え、飲食の際には、「天が呉国のことを思うならば、速やかに我が身をとがめだてて死せしめんことを」

と言って祈りを捧げました。それで長兄の謁が死に、次兄の余祭が立ち、余祭が死に、三番目の兄夷昧が立ち、夷昧が死んで季札が立つことができるまでになりました。ところが季札は外国に使いに出向いたまま姿をくらましてしまいました。僚《りょう》は年長の庶子でしたので、国君になりました。国君が定まったのをみた季札は帰国してそのまま僚を君として従ったのです。

伯夷叔斉の譲位　譲位の伝承として最も有名な故事は、司馬遷の『史記』列伝の最初に取り上げられている伯夷《はくい》・叔斉《しゅくせい》という二人の兄弟の事跡です。二人は孤竹《こちく》という国の世子でした。父の孤竹君は、弟の叔斉にその才徳を認めて自分の後を継がせたいと考えていました。父の死後、叔斉は君には兄がなるべきだと位に即くのを譲り、父の遺志に背くことはできないと兄の伯夷も君の位に即くことなく、二人して国を出てしまい、仲子が君になっています。亡命した伯夷・叔斉は、ちょうど殷周革命の時でしたので、周に身を寄せることになるのですが、周の武王が武力で殷王朝を滅ぼそうとしたので、「暴を以て暴に易《か》う」、つまり暴力で暴力を一掃するのは不仁極まりないと諫言しましたが、武王の聞く所となりませんでした。そこで伯夷と叔斉の二人は、周王朝のもとにいることを潔しとしないで、首陽山という山に隠れて蕨《わらび》を取って最後は餓死したというのです。

許由洗耳　理想的聖人の堯から天子の位を継いで欲しいと言われ、汚らわしい話を聞いたと不快になり、川の水で耳を洗ったというのが許由《きょゆう》という人物です。天子の位すら拒否することに意味を認めて、その行為を立派な徳として考えるのは、政治的世界や権力と離れた所に身を置くのをよしとする道家の処世です。道家は、人の欲望がこの世の争いの最大の原因であると考え、無為無欲を主張して、謙譲を最上の美徳とするのですから、天子の位を拒否するのは当然の帰結だと言えます。儒家の思想にも譲位譲国を美徳としている立場の学派がいることに中国の思想の奥深さがあるように思われて、興味深いと言えましょう。

十三　天道は遠く、人道は邇し（昭公十八年、紀元前五二四年）

夏《なつ》、五月《ごがつ》、壬午《じんご》、宋《そう》・衛《えい》・陳《ちん》・鄭《てい》　災《さい》あり。

◆経夏、五月、壬午、宋・衛・陳・鄭災。

夏、五月、壬午の日（十四日）、宋・衛・陳・鄭の諸国に火災があった。

夏《なつ》、五月《ごがつ》、火《か》始《はじ》めて昏《くれ》に見《み》ゆ。丙子《へいし》、風《かぜ》ふく。梓慎曰《ししんいわ》く、「是《これ》を融風《ゆうふう》と謂《い》う。火《ひ》の始《はじ》めなり。七日《なぬか》にして其《そ》れ火《ひ》作《おこ》らんか」と。戊寅《ぼいん》、風甚《かぜはなは》だし。壬午《じんご》、大《おお》いに甚《はなは》だし。宋《そう》・衛《えい》・陳《ちん》・鄭《てい》　皆火《みなひ》あり。梓慎《ししん》　大庭氏《たいていし》の庫《こ》に登《のぼ》りて以《もっ》て之《これ》を望《のぞ》み、曰《いわ》く、「宋《そう》・衛《えい》・陳《ちん》・鄭《てい》なり」と。数日《すうじつ》にして皆来《みなき》たりて火《ひ》を告《つ》ぐ。

裨竈曰《ひそういわ》く、「吾《わ》が言《げん》を用《もち》いずんば、鄭又将《ていまたまさ》に火《ひ》あらんとす」と。鄭人之《ていひとこれ》を用《もち》いんことを請《こ》う。子産可《しさんき》かず。子大叔曰《したいしゅくいわ》く、「宝《たから》は以《もっ》て民《たみ》を保《やす》んずるなり。若《も》し火有《ひあ》らば、国幾《くにほと》んど亡《ほろ》びん。以《もっ》て亡《ぼう》を救《すく》う可《べ》し。子何《しなん》ぞ愛《おし》める」と。子《し》産曰《さんいわ》く、「天道《てんどう》は遠《とお》く、人道《じんどう》は邇《ちか》し。及《およ》ぶ所《ところ》に非《あら》ざるなり。何《なに》を以《もっ》て之《これ》を知《し》らん。竈焉《そういず》くんぞ天道《てんどう》を知《し》らん。是《こ》れ亦多言《またたげん》なり。豈《あ》に信或《しんあ》らざらんや」と。遂《つい》に与《あた》えず。亦復《またま》た火《ひ》あらず。

鄭《てい》の未《いま》だ災《さい》あらざるや、里析《りせき》　子産《しさん》に告《つ》げて曰《いわ》く、「将《まさ》に大祥有《たいしょうあ》りて、民震《たみしん》動《どう》し、国幾《くにほと》んど亡《ほろ》びんとす。吾《わ》が身泯《みほろ》びん。良《まこと》に及《およ》ばざらん。国遷《くにうつ》らば其《そ》れ可《か》ならんか」と。子産曰《しさんいわ》く、「可《か》なりと雖《いえ》ども、吾以《われもっ》て遷《せん》を定《さだ》むるに足《た》らず」と。火《ひ》に及《およ》び、里析死《りせきし》す。未《いま》だ葬《ほうむ》らず。子産《しさん》　輿三十人《よさんじゅうにん》をして其《そ》の柩《きゅう》を遷《うつ》さ使《し》む。火作《ひおこ》る。子産《しさん》　晋《しん》の公子《こうし》・公孫《こうそん》を東門《とうもん》に辞《じ》す。司寇《しこう》をして新客《しんかく》を出《い》だし、旧客《きゅうかく》を禁《きん》じ、宮《きゅう》より出《い》ずること勿《な》から使《し》む。子寛《しかん》・子上《しじょう》をして群屛摂《ぐんへいせつ》を巡《めぐ》り、大宮《たいきゅう》に至《いた》ら使《し》め、公孫登《こうそんと》をして大亀《たいき》を徙《うつ》さ使《し》め、祝史《しゅくし》をして主祏《しゅせき》を周《しゅう》廟《びょう》に徙《うつ》し、先君《せんくん》に告《つ》げ使《し》め、府人《ふじん》・庫人《こじん》をして各《おのおの》其《そ》の事《こと》を儆《いまし》め、商成公《しょうせいこう》をして司宮《しきゅう》を儆《いまし》め、旧宮人《きゅうきゅうじん》を出《い》だし、諸《これ》を火《ひ》の及《およ》ばざる所《ところ》に寘《お》き、司馬《しば》・司寇《しこう》をして火道《かどう》に列居《れっきょ》し、火《ひ》の爇《や》く所《ところ》を行《めぐ》り、城下《じょうか》の人《ひと》をして伍列《ごれつ》して城《しろ》に登《のぼ》ら使《し》む。明日《みょうにち》野司寇《やしこう》をして各《おのおの》其《そ》の徴《ちょう》を保《ほ》せ使《し》む。郊人《こうじん》　祝史《しゅくし》を助《たす》けて国北《こくほく》に除《じょ》し、火《ひ》を玄冥《げんめい》・回禄《かいろく》に禳《はら》い、四鄘《しよう》に祈《いの》る。焚室《ふんしつ》を書《しょ》して其《そ》の征《せい》を寛《ゆる》くし、之《これ》に材《ざい》を与《あた》う。三日《みつか》哭《こく》し、国《くに》に市《し》せしめず。行人《こうじん》をして諸侯《しょこう》に告《つ》げ使《し》む。宋《そう》・衛《えい》皆《みな》是《か》くの如《ごと》し。陳《ちん》は火《ひ》を救《すく》わず、許《きょ》は災《さい》を弔《ちょう》せず。君子《くんし》　是《ここ》を以《もっ》て陳《ちん》・許《きょ》の先《ま》ず亡《ほろ》びんことを知《し》るなり。

◆伝夏、五月、火始昏見。丙子、風。梓慎曰、「是謂二融風一。火之始也。七日其火作乎」。戊寅、風甚。壬午、大甚。宋・衛・陳・鄭皆火。梓慎登二大庭氏之庫一以望レ之、曰、「宋・衛・陳・鄭也」。数日皆来告レ火。裨竈曰、「不レ用二吾言一、鄭又将レ火」。鄭人請レ用之。子産不レ可。子大叔曰、「宝以保レ民也。若有レ火、国幾亡。可二以救一レ亡。子何愛焉」。子産曰、「天道遠、人道邇。非レ所レ及也。何以知レ之。竈焉知二天道一。是亦多言矣。豈不レ或レ信」。遂不レ与。亦不二復火一。

鄭之未レ災也、里析告二子産一曰、「将下有二大祥一、民震動、国幾亡上。吾身泯焉。弗二良及一也。国遷其可乎」。子産曰、「雖レ可、吾不レ足二以定一レ遷矣」。及レ火、里析死矣。未レ葬。子産使三輿三十人遷二其柩一。火作。子産辞二晋公子・公孫于東門一。使下司寇出二新客一、禁二旧客一勿上出二於宮一。使下子寛・子上巡二群屛摂一、至中于大宮上、使三公孫登徙二大亀一、使下祝史徙二主祏於周廟一、告中於先君上、使下府人・庫人各儆二其事一、商成公儆二司宮一、出二旧宮人一、寘二諸火所一レ不レ及、司馬・司寇列二居火道一、行二火所一レ焮、城下之人、伍列登レ城。明日使三野司寇各保二其徴一。郊人助二祝史一除二於国北一、禳二火于玄冥・回禄一、祈二于四鄘一。書二焚室一而寛二其征一、与二之材一。三日哭、国不レ市。使三行人告二於諸侯一。宋・衛皆如レ是。陳不レ救レ火、許不レ弔レ災。君子是以知二陳・許之先亡一也。

夏、五月、火星が始めて日暮れに見えだした。丙子の日（八日）に、大風が吹いた。魯の大夫の梓慎が、「これは東北の風である融風というもので、火災が発生する始めの兆しである。今日から七日後に火災が発生するだろう」と言った。戊寅の日（十日）に大風が激しく吹いた。壬午の日（十四日）に、ますますひどい大風が吹いた。宋・衛・陳・鄭の諸国でいずれも火災が発生した。梓慎は魯の城内にある大庭氏の倉庫に登って雲気を眺めて「火災は宋・衛・陳・鄭だぞ」と言った。数日後にこの四国から使者が来て火災の発生があったことを告げた。鄭の大夫の裨竈が「前年玉爵や玉製の柄杓を供えて火災が生じないように祈りなさいとわたしが言ったようにしなければ、鄭はまた火災にみまわれましょう」と言った。鄭の人々はかれの言う通りにしようと申し出たが、宰相の子産は許さなかった。大夫の子大叔が「宝というのは、それでもって民を安んじ保つためのものです。もし今度火災が起これば、国はほとんど滅びる羽目に陥りましょう。宝物で国を滅亡から救うことができますのに。あなたはどうして宝などを惜しまれるのでしょうか」と言った。子産は「天道は深遠で人知では測り知れない、人道は身近な理解しよいものである。天道は深遠なのだから、人知で推し測って理解にとうてい及ぶものではない。だからどうして前もって先のことがそうなると分かろう。竈にどうして天道がわかろうか。あの男は何にでも口をだす。だからたまには言うことが当たることもあるだろう」と言って、そのままお祓いのための宝玉を与えなかったが、火災も二度とは起こらなかった。

　ところで鄭の国でまだ火災が発生していなかったときのことであるが、鄭の大夫の里析が子産に告げて、「やがて大異変があって、民はふるえおののいて動揺し、国も滅亡しかねないことになりましょう。わたし自身はそれより前に死ぬことになって、きっとその場に居合わせないでしょうが。国（都）を遷《うつ》せばその災難を免れるかもしれませんがね」と言った。子産は「そうするのがよいのかもしれないが、わたしは遷都を火災から免れる良策だと決めるだけの知力がない」と言った。火災の発生したときには、里析はすでに死んでいたが、子産はかごをかつぐ人夫三十人に命じてその柩を安全な場所へ移動させた。火災が発生したとき、子産はちょうど来聘《らいへい》しようとしていた晋の公子や公孫たちに事情を説明して城内に入らないように東門のところで控えてもらった。刑罰や治安をつかさどる司寇に命じて新しく来たばかりの他国の賓客を国内の様子を知られたくないために都から出し、国情を暴露されるのを嫌って以前から滞在していた客は足止めにして宿舎から外に出ないようにさせた。また子寛と子上の二人の大夫に命じてあらゆるところの祭祀のための位牌を見まわらせて、鄭の祖先を祭っている祖廟の大宮まで警備に行かせ、卜占をつかさどる大夫の公孫登に命じて占いにつかう大切な亀を移動させ、祭祀をつかさどる祝史に命じて先祖代々の君の木主を鄭の祖桓公の父である周の厲王を祭った周廟に移しまとめさせ、そのことを先君の霊前に報告してその加護を祈らせ、文書財貨を管理する府人や車馬兵甲を管理する庫人に命じて火災に備えてそれぞれの職務を守るように注意し、大夫の商成公に命じて後宮をつかさどる司宮に用心するように言いわたさせ、先代の君僖公に仕えていた女官たちを後宮から退出させて、火災の及ばないところに避難させ、軍事をつかさどる司馬と司寇に命じて火の燃える道に非常に備えて列をつくって並ばせ、火がまわって焼けていくところを巡視して火を消すようにさせ、城内の人々に隊伍を組ませて城壁の上に登らせて非常事態に備えさせた。火災のあった翌日県の獄訟をつかさどる野司寇に命じてそれぞれが徴募してきた人夫たちを逃亡させないように監視させた。また郊外をつかさどる郊人に命じて祝史を助けて国都の北の地で火災のお祓いをし、水神の玄冥と火神の回禄の二神に祈って火を祓い、城の四方の神である四鄘に火災の残り火が鎮まるように祈らせた。一方被災者については焼失した家屋を記録してその税金を軽減し、材木を給付した。鄭の君臣は三日間の哭礼を行い、不幸に対する弔慰を示すために都では市場を休ませた。使者を諸侯の国に派遣して火災のことを報告させた。宋と衛の二国はいずれも鄭と同様のことをした。陳の国では火災対策を講じなかったし、火災の難のなかった許の国は被災国を見舞うことをしなかった。君子はこのことから陳と許が他の諸侯より先に滅亡するだろうと知ったのである。

❖❖❖❖

陳は救わず、許は弔せず

大火災に見舞われた宋と衛は、鄭と同じように国民に対する応急、救援策を講じています。陳は災害に対する救済策を怠り、許は被災国に見舞いを出しませんでした。こうしたことから、それ以外の各国からは被災国に見舞いが届いていることが分かります。それが当時の諸侯の間での外交上の儀礼でした。この見舞いについて、物質的なものを含んでいたのかどうかの記述や注釈はありません。諸侯やその夫人などが死んだりしたときには、天子が車馬を贈っているという記事に照らすと、何らかの物質的なお見舞いが届けられていたことは十分考えられます。そして、そうしたことを蔑《ないがし》ろにした諸侯の国は滅亡の国運を背負うことが主張されています。

二〇一一年三月の東日本大震災に際しても、国内では各都道府県からの救援や支援が、国際的にも各国からの救援や支援が政府の間でも民間の間でも行われています。

◆福沢諭吉・夏目漱石・幸田露伴・宮城谷昌光

「夫子」と言えば、儒教文化圏では、先生の右総代として孔子を指すのが一般です。慶應義塾では、先生と呼ぶのは福沢諭吉だけだと聞いたことがあります。福沢諭吉は、九州は大分の出身ですが、『福翁自伝』によると、十四、五歳の頃に本気になって学に志し、先生について、『詩経』や『書経』を筆頭にして経書、史書、諸子の漢籍を善く読んだと言っています。中でも「私は左伝が得意で、大概の書生は左伝十五巻の内三四巻で仕舞ふのを、私は全部通読、凡そ十一度び読み返して、面白い処は暗記して居た」と『左伝』の熟読を誇っています。

白石という彼の先生は、筑前の人である亀井南冥《なんめい》（一七四三—一八一四）とその子の昭陽《しょうよう》（一七七三—一八三六）の学風に傾倒していたと言っています。亀井父子には、『左伝考義』と『左伝纘考』と称する『左伝』の注釈書があります。肥後の人で明治政府の外交官を務めた竹添進一郎（号は井井《せいせい》、一八四二—一九一七）は、『左氏会箋《かいせん》』という博引旁証の注釈書を著していまして、亀井昭陽の説を多く採っています。また、日向の人である安井息軒《そっけん》（一七九九—一八七六）の『左伝輯釈』の説も随処に用いています。『左氏会箋』の自序には、上に挙げた学者以外にその説を参考にした学者の名を挙げていますが、古賀煜《いく》（佐賀の人、号は侗庵《どうあん》、一七八八—一八四七）が昌平坂学問所の儒官、増島固が江戸の人である以外は所謂《いわゆる》幕府公認の朱子学とは距離を置いた学者でして、昌平坂学問所の朱子学を尊ぶ儒官には、経書でも『春秋左氏伝』に情熱を注ぐ漢学者は少なかったようです。『春秋左氏伝』の解読に情熱を注いだ亀井父子、安井息軒、竹添井井の各氏はいずれも九州の漢学者ですから、京都や江戸から離れた処にいた漢学者の学問的風気を感じさせますし、そうしたことと相まって福沢の進取の気象が多彩で多様な内容に充ちた『左氏伝』に魅力を覚えたのかもしれません。

夏目漱石の文学論は、筑摩書房版現代日本文学全集の漱石の年譜によると、明治三十四年のイギリス留学中に著述を決意して、三十六年に帰国し、九月に東大で開講して三十八年六月まで講義されています。上梓されたのは明治四十年です。その文学論の中で、本書でも触れていますように、『左氏伝』の文章表現が取り上げられています。世界文学史の中で『左伝』の文章表現が卓越したものであると位置づけているわけです。漱石の文才が傑出していたことは、中国人も一目置いた漢詩のみならず、英文や英詩の出来栄えも高く評価されています。その漱石が『左伝』の文章表現を絶賛しているのですから、『左伝』の文章表現には時代を超えて人の心を捉えてはなさない卓抜さが潜んでいるということになるのではないでしょうか。

幸田露伴には、昭和二十二年に雑誌中央公論に発表された「春秋左氏伝の称の非」（全集第十九巻所収）という論文があります。『左書』すなわち『左氏伝』の是非についての論は別にして、『春秋左氏伝』という書名の使い方は適当でない。『史記』が使っている『左氏春秋』が『左氏伝』本来の称呼であって『左氏春秋』と称すべきであることを綿密に考証しています。中国の古典に精通している人ならではの専門的学術論考です。

十年ほど前に直木賞を受賞して一躍脚光を浴び、その才能を開花させた宮城谷氏は、古代中国に題材を執った小説を数多く著している現役の作家であることは多くの方の知る処だと思います。彼の書く多くの著述は、『史記』や『春秋左氏伝』に題材を採っています。『史記』の記述は『左氏春秋』によっているところが多いと考えてよいと思います。従って、小説を構想するに当たっては両書を読み比べたりしていることは言うまでもないのでしょうが、『夏姫春秋』は、本書でも「陳の夏姫」として取り上げている『左伝』の記事が題材になっています。また『重耳』は、『左伝』などの晋の文公の事跡をもとにして小説として膨らませられています。小国の宰相として活躍した孔子よりもやや先輩で孔子も敬愛した子産《しさん》の事跡を小説化した『子産』という作品があります。この子産は、『左氏伝』の中でもその活躍が詳しく伝えられていまして、晋の名臣の叔向《しゆくきよう》と対比的な人物として取り上げられている当時一流の見識者です。このように現代の作家にとっても、『左氏伝』は魅力ある話に満ちあふれている書物だということになります。

物語の面白さに関心を抱いて愛読した福沢諭吉、表現の特異さを絶賛した夏目漱石、『左氏伝』の成立の問題に切り込んだ幸田露伴、自己の小説の世界を形成する拠り所にした宮城谷昌光の各氏は、それぞれの観点から『左氏伝』に接していたということになります。『春秋左氏伝』は、それだけ多角的多面的な内容の豊富さを備えた文献であることの証左でもあります。

ビギナーズ・クラシックス 中国《ちゆうごく》の古典《こてん》

春秋左氏伝《しゆんじゆうさしでん》

安本博《やすもとひろし》

平成24年 2月25日 初版発行
令和7年 10月10日 25版発行

発行者●山下直久

発行●株式会社KADOKAWA
〒102-8177 東京都千代田区富士見2-13-3
電話 0570-002-301(ナビダイヤル)

角川文庫 17284

印刷所●株式会社KADOKAWA
製本所●株式会社KADOKAWA

表紙画●和田三造

ISBN978-4-04-407226-1 C0198

◆◇◇

角川文庫発刊に際して

角川源義

第二次世界大戦の敗北は、軍事力の敗北であった以上に、私たちの若い文化力の敗退であった。私たちの文化が戦争に対して如何に無力であり、単なるあだ花に過ぎなかったかを、私たちは身を以て体験し痛感した。西洋近代文化の摂取にとって、明治以後八十年の歳月は決して短かすぎたとは言えない。にもかかわらず、近代文化の伝統を確立し、自由な批判と柔軟な良識に富む文化層として自らを形成することに私たちは失敗して来た。そしてこれは、各層への文化の普及滲透を任務とする出版人の責任でもあった。

一九四五年以来、私たちは再び振出しに戻り、第一歩から踏み出すことを余儀なくされた。これは大きな不幸ではあるが、反面、これまでの混沌・未熟・歪曲の中にあった我が国の文化に秩序と確たる基礎を齎らすためには絶好の機会でもある。角川書店は、このような祖国の文化的危機にあたり、微力をも顧みず再建の礎石たるべき抱負と決意とをもって出発したが、ここに創立以来の念願を果すべく角川文庫を発刊する。これまで刊行されたあらゆる全集叢書文庫類の長所と短所とを検討し、古今東西の不朽の典籍を、良心的編集のもとに、廉価に、そして書架にふさわしい美本として、多くのひとびとに提供しようとする。しかし私たちは徒らに百科全書的な知識のジレッタントを作ることを目的とせず、あくまで祖国の文化に秩序と再建への道を示し、この文庫を角川書店の栄ある事業として、今後永久に継続発展せしめ、学芸と教養との殿堂として大成せんことを期したい。多くの読書子の愛情ある忠言と支持とによって、この希望と抱負とを完遂せしめられんことを願う。

一九四九年五月三日

角川ソフィア文庫ベストセラー

ビギナーズ・クラシックス 中国の古典
論語
加地伸行

儒教の祖といわれる孔子が残した短い言葉の中には、どんな時代にも共通する「人としての生きかた」の基本的な理念が凝縮されている。

ビギナーズ・クラシックス 中国の古典
老子・荘子
野村茂夫

道家思想は儒教と並ぶもう一つの中国の思想。わざとらしいことをせず、自然に生きることを理想とし、ユーモアに満ちた寓話で読者をひきつける。

ビギナーズ・クラシックス 中国の古典
韓非子
西川靖二

法家思想は、現代にも通じる冷静ですぐれた政治思想。「矛盾」「守株」など、鋭い人間分析とエピソードを用いて、法による厳格な支配を主張する。

ビギナーズ・クラシックス 中国の古典
陶淵明
釜谷武志

自然と酒を愛し、日常生活の喜びや苦しみをこまやかに描く、六朝期の田園詩人。「帰去来辞」や「桃花源記」を含め一つ一つの詩には詩人の魂が宿る。

ビギナーズ・クラシックス 中国の古典
李白
筧　久美子

酒を飲みながら月を愛で、放浪の旅をつづけた中国を代表する大詩人。「詩仙」と称され、豪快奔放に生きた風流人の巧みな連想の世界を楽しむ。

ビギナーズ・クラシックス 中国の古典
杜甫
黒川洋一

若いときから各地を放浪し、現実の社会と人間を見つめ続けた中国屈指の社会派詩人。「詩聖」と称される杜甫の詩の内面に美しさ、繊細さが光る。

ビギナーズ・クラシックス 中国の古典
孫子・三十六計
湯浅邦弘

歴史が鍛えた知謀の精髄！　中国最高の兵法書『孫子』と、その要点となる三十六通りの戦術をわかりやすくまとめた『三十六計』を同時収録する。

角川ソフィア文庫ベストセラー

易経
ビギナーズ・クラシックス 中国の古典
三浦國雄

未来を占う実用書「易経」は、また、三千年に及ぶ、中国の人々の考え方が詰まった本でもある。この儒教経典第一の書をコンパクトにまとめた。

唐詩選
ビギナーズ・クラシックス 中国の古典
深澤一幸

漢詩の入門書として、現在でも最大のベストセラーである『唐詩選』。時代の大きな流れを追いながら精選された名詩を味わい、多彩な詩境にふれる。

史記
ビギナーズ・クラシックス 中国の古典
福島正

「鴻門の会」「四面楚歌」で有名な項羽と劉邦の戦い、春秋時代末期に起きた呉越の抗争など、教科書でおなじみの名場面で紀元前中国の歴史を知る。

蒙求
ビギナーズ・クラシックス 中国の古典
今鷹眞

江戸から明治にかけて多く読まれた歴史故実書。「蛍の光、窓の雪」の歌や、夏目漱石の筆名の由来になった故事など、馴染みのある話が楽しめる。

白楽天
ビギナーズ・クラシックス 中国の古典
下定雅弘

平安朝以来、日本文化に多大な影響を及ぼした、唐代の詩人・白楽天の代表作を精選。紫式部や清少納言も暗唱した詩世界の魅力に迫る入門書。

十八史略
ビギナーズ・クラシックス 中国の古典
竹内弘行

暴虐の限りを尽くした殷の紂王。「鶏鳴狗盗」の故事を生んだ孟嘗君。ドラマチックな人間模様を味わいながら、紀元前の中国正史が手軽にわかる！

鷗外の「舞姫」
ビギナーズ・クラシックス 近代文学編
角川書店編

明治政府により大都会ベルリンに派遣された青年官僚が出逢った貧しく美しい踊り子との恋。格調高い原文も現代文も両方楽しめるビギナーズ版。

角川ソフィア文庫ベストセラー

ビギナーズ・クラシックス 近代文学編
一葉の「たけくらべ」
角川書店編
江戸情緒を残す明治の吉原を舞台に、少年少女の儚い恋を描いた秀作。現代語訳・総ルビ付き原文、資料図版も豊富な一葉文学への最適な入門書。

ビギナーズ・クラシックス 近代文学編
漱石の「こころ」
角川書店編
明治の終焉に触発されて書かれた先生の遺書。その先生の「こころ」の闇を、大胆かつ懇切に解き明かす、ビギナーズのためのダイジェスト版。

ビギナーズ・クラシックス 近代文学編
芥川龍之介の「羅生門」「河童」ほか6編
角川書店編
芥川の文学は成熟と破綻の間で苦悩した大正という時代の象徴であった。各時期を代表する8編をとりあげ、作品の背景その他を懇切に解説する。

ビギナーズ・クラシックス 近代文学編
藤村の「夜明け前」
角川書店編
近代の「夜明け」を生き、苦悩した青山半蔵。幕末維新の激動の世相を背景に、御一新を熱望する彼の生涯を描いた長編小説の完全ダイジェスト版。

ビギナーズ・クラシックス 近代文学編
尾崎紅葉の「金色夜叉」
山田有策
許嫁・宮に裏切られた貫一は、冷徹な高利貸となり復讐を誓う。熱海海岸の別れや意外な顛末など名場面を凝縮。紅葉未完の傑作が手軽に読める！

ビギナーズ・クラシックス 近代文学編
泉鏡花の「婦系図」
山田有策
スリルとサスペンス、そしてエロティシズムに満ちた明治の人気小説。著名な「湯島の境内」もコラムに収録。名作の魅力を余すところ無く紹介。

ビギナーズ 日本の思想
福沢諭吉「学問のすすめ」
福沢諭吉
佐藤きむ訳
坂井達朗解説
明治維新直後の日本が国際化への道を辿るなかで、混迷する人々に近代人のあるべき姿を懇切に示し勇気付け、明治初年のベストセラーとなった名著。

角川ソフィア文庫ベストセラー

ビギナーズ 日本の思想
空海「三教指帰」
空海
加藤純隆・加藤精一訳

空海が渡唐前の青年期に著した名著。放蕩息子を改心させるという設定で仏教が偉大な思想であることを表明。読みやすい現代語訳と略伝を付す。

ビギナーズ 日本の思想
空海「般若心経秘鍵《はんにゃしんぎょうひけん》」
加藤精一編

時代を超えて愛誦され、仏教のあらゆる教えが凝縮されている「般若心経」を〝こころ〟で読み解いた、空海最晩年の著作。名言や逸話集も収載。

ビギナーズ 日本の思想
空海「秘蔵宝鑰《ひぞうほうやく》」
こころの底を知る手引き
加藤純隆・加藤精一訳

人生を導く最高の教えとは何か？ 〝こころ〟をキーワードとして、真言密教こそが真のブッダの教えであることを明瞭に示した空海円熟期の傑作。

ビギナーズ 日本の思想
西郷隆盛「南洲翁遺訓」
西郷隆盛
猪飼隆明訳・解説

明治新政府への批判を込めた西郷隆盛の言動を書き留めた遺訓。日本人のあるべき姿を示し、天を相手とした偉大な助言は感動的である。

ビギナーズ 日本の思想
新訳 茶の本
岡倉天心
大久保喬樹訳

日本美術界を指導した著者が海外に向けて、芸術の域にまで高められた「茶道」の精神を通して伝統的な日本文化を詩情豊かに解き明かす。

ビギナーズ 日本の思想
茶の湯名言集
田中仙堂

一流の茶人たちは人間を深く見つめる目を持っていた。茶の名人の残した、多岐にわたる名言から、人間関係の機微、自己修養の方法などを学ぶ。

ビギナーズ 日本の思想
道元「典座教訓」禅の食事と心
道元
藤井宗哲訳・解説

禅寺の食事係の僧を典座《てんぞ》という。道元が食と仏道を同じレベルで語ったこの書を、長く典座を勤めた著者が日常の言葉で読み解き、禅の核心に迫る。

角川ソフィア文庫ベストセラー

シリーズ江戸学
江戸に学ぶ「おとな」の粋
神崎宣武
不粋、野暮を嫌う大人ぶりを理想とした江戸っ子。現代では忘れられたその処世の法を、信心、願掛け、旅、おしゃれ、遊びなどの「粋」に学ぶ。

シリーズ江戸学
旗本たちの昇進競争 鬼平と出世
山本博文
絵・黒鉄ヒロシ
民衆の評判もよく、経験も実績もあった長谷川平蔵が、町奉行になれなかった理由は何だったのか。ライバル多き旗本たちの昇進競争の裏側に迫る。

シリーズ江戸学
江戸の金・女・出世
山本博文
絵・黒鉄ヒロシ
ローンを抱えた武士たちの奮闘ぶり、意外と高額だった大奥女中の給料や美人になるための化粧法など、知らなかった江戸の素顔がみえてくる。

シリーズ江戸学
知っておきたい江戸の常識 事件と人物
大石学編
関ヶ原の戦いは豊臣方同士の合戦だった？ がんじがらめの武家社会でもヘッドハンティングがあった？ これまでの常識が変わる江戸の真実満載！

愛欲の精神史1
性愛のインド
山折哲雄
ヒンドゥー教由来の生命観による性愛とエロスの世界。ガンディーの「性ののり越え」の聖性と魔性。インドという土壌での「エロスの昇華」を描く。

愛欲の精神史2
密教的エロス
山折哲雄
空海の即身成仏にみる密教的エロス。『源氏物語』の「色好み」にみる「空無化する性」。女人往生を説く法華経信仰と変性のエロチシズムを描く。

愛欲の精神史3
王朝のエロス
山折哲雄
「とはずがたり」の二条をめぐる5人の男との愛の遍歴。璋子の野性化する奔放な愛欲のかたち。その果ての女人出家の懺悔・滅罪について描く。

角川ソフィア文庫ベストセラー